청주, 수필로 그리다

청주, 수필로 그리다

최 한 식 지음

한 솔

| 책을 시작하며 |

청주의 이야기를 시작하며

　출발은 언제나 익숙한 곳이 좋다. 『청주, 수필로 그리다』에 들어갈 글들을 염두에 두고 현장 감각을 느껴보기 위함이다. 한낮의 더위가 위세를 떨칠 때 출발했다. 처음 돌아보고 싶은 곳이 '꽃다리'다. 이름에서 서정적 낭만이 느껴진다. 공식 명칭은 청남교였다. 청주의 남쪽에 있는 대표적 다리인가 보다. 내 기억속의 이름은 남석교 같은데 확인할 수 없다. 추억 속 꽃다리 모습은 남아있지 않았다. 다리가 좁아 확장하면서 원 다리에 꽃과 나무를 심은 것이 꽃다리라는 이름이 붙게 된 연유라는 글을 어디선가 보았다. 청주에서 한동안 살았던 이들은 기억하고 있을 낭만의 다리를 그대로 보존하거나 안내판이라도 마련해 두었으면 좋겠다.

　한때 처남이 파 영업을 하던 가게를 지나 육거리 시장으로 들어갔다. 전국 5대 재래시장이라더니 규모가 대단하다. 약 1,200개 점포에 3,300여 명 종사자가 있단다. 가게들이 크고 없는 것이 없어 보인다. 물건을 사는 것은 돌아올 때로 미루고 눈으로만 훑으며 간다. 별의별 것이 다 있다. 시장은 구경만 해도 마음이 풍요로워진다.

청주제일교회를 찾아간다. 골목이 복잡해 어느 곳이 입구인지 분별이 어렵다. 이곳쯤이 아닐까 하고 골목을 한참 들어가니 가까이 가서야 아케이드가 멈추고 푸른 하늘과 교회 정문이 나타난다. 시장 현대화로 하늘이 보이지 않고 교회 모습도 쉽게 눈에 띄지 않는다. 문으로 들어서니 또 다른 세계가 펼쳐진다. 청주의 대표적인 교회, 기억할 역사가 참 많은 교회다. 교육과 문화면에서 빼놓을 수 없는, 강한 영향력을 지역에 끼친 교회들의 어머니 교회다.

현실을 따라가기는 교회라고 예외가 아니다. 예전에 잔디밭과 선교기념비가 있던 옆 마당이 주차장이 되어 있다. 아쉬움이 크다. 망선루는 중앙공원으로 옮겨가고 교회 백주년 기념으로 초창기 복음을 전해준 선교사 기념관을 그 자리에 세웠다. 많은 교회들이 규모를 늘려 외곽으로 이전하는데 그렇게 하지 않는 것만으로도 고맙다. 옆 마당에 세워져 있던 "로간부인기념비"는 반대편 담장 쪽으로 자리를 옮겼다. 이 땅 한 모퉁이에 와서 복음과 지역을 위해 자신의 생애를 바친 이들이 이제는 기념 건물과 비석으로만 남아있다.

조금 더 걸어 용두사지 철당간에 닿았다. 원형이 남아있고 건립연대가 분명한 청주에 몇 개 되지 않는 국보 중에 하나다. 이름에서 보듯 원래는 큰 절이 있던 곳에 세운 당간지주였다. 고층건물이 없었던 시대에는 주변에서 우뚝 솟은 그 모습을 날마다 보고 살았을 것이다. 청주는 배의 형상으로 옛 명칭으로 주성(舟城)이라는 이름이 있다. 청주에 홍수가 자주 들어 많은 피해를 당하니 닻처럼 당간지주를 세웠음직하다. 한낮의 더위를 견디기 어려워 오래 머물지 못하고 중앙공원으로 발길을 돌린다.

지리적으로 성문 안 중앙이었으리라. 입구까지 들려오는 윷가락 던지는 소리와 나이든 여인들의 노랫소리. 중앙공원이 노인들 놀이터라고 하더니 그 말을 실감할 수 있었다. 나이 드신 분들도 마음 놓고 쉴 수 있는 공간이 있어야지, 그분들이 계셔서 오늘의 우리가 있는 것 아닌가? 내 청년 시절, 이곳에는 점치는 이들이 많았고, 사진사들이 기념사진 촬영을 권유하곤 했었다.

이곳에는 많은 비석과 유적들이 있다. 대원군 시절에 설치되고 많은 우여곡절을 겪었다는 "척화비"가 그 내력을 호소하는 듯 머리에 상처를 입은 채 초라하게 흘러간 세월을 증언하고 서 있다. 그 지척에 청주제일교회서 옮겨다 놓은 "망선루"가 당당한 위용을 드러내 보인다. 고려시대에 세웠다는 목조건물, 무려 700여 년, 그 모습을 잃지 않고 버텨온 셈이다. 오래된 것으로는 공원 중앙의 은행나무

"압각수"를 당할 수 없다. 수령 900여 년, 그 세월만으로도 머리가 숙여진다. 그 사이에 얼마나 많은 일들이 벌어졌을까. 시멘트로 허한 배를 채우고 여전히 왕성한 생명력을 보여주는 구백 살의 나무 앞에 어느 누가 겸손하게 고개 숙이지 않을 수 있으랴.

공원의 정문 근처에 서 있는 "정곡루(正鵠樓)"를 바라본다. 충청도 병마절도사 영문이다. 그 당시야 대단했겠지만 이제는 약간 외돌아 선 채로 중앙공원의 한쪽을 지키고 있다. 어쩌면 망선루와 정곡루가 양쪽에서 중앙공원을 지키고 청주를 지탱하고 있는 것은 아닌가 생각한다. 공원으로 들어가는 입구 바닥에 눈에 잘 띄지 않을 것 같은 얼마 안 된 기념물이 새겨져 있다. 민주항쟁기념동판이다. 이때에는 또 얼마나 많은 이들이 역사의 진전을 위해 피와 눈물을 쏟았을까. 자녀들은 마치 낯선 곳을 여행한 느낌이었다고 했다. 나에게도 긴 하루였다. 이제 천천히 청주의 여러 곳들을 돌아보자.

2023년 6월 3일
최 한 식

차 례

☐ 책을 시작하며　　　　　　　　　　　　　　04

Ⅰ. 이 땅을 지키다

볍씨의 고장 소로리　　　　　　12

비단과 잠사박물관　　　　　　17

단재 신채호 사당 및 묘소　　　21

천년의 나무 - 압각수　　　　　26

망선루　　　　　　　　　　　　31

추억의 거리 - 성안길　　　　　35

흐르고 또 흐르네 - 무심천　　　40

가로수 길　　　　　　　　　　45

II. 이 땅의 정신적 지주들	청주제일교회를 보고	50
	호기심의 대상 - 탑동 양관	55
	천년고찰 보살사	60
	담 없는 열린 절 - 동화사	65
	충렬사에서	69
	겨레의 큰 스승 - 손병희 생가	73
	어려운 홀로살기 - 척화비	78
	용두사지 철당간	83
III. 이 땅 시민들의 휴식처	도심 속 휴식처 - 상당산성	90
	김수녕 양궁장과 주변 숲	95
	명암지의 추억	99
	목련공원	103
	가덕 코스모스 길	107
	권력자의 남쪽 별장 - 청남대	111
	안기고픈 숲 나라 - 미동산 수목원	115
	뒷산 휴식처 - 부모산	119
	집념으로 일군 기념비, 학천탕	123

IV. 이 땅을 사는 지식과 지혜

호수와 도서관	130
기적의 도서관	134
지역의 대표 대학교	138
위기를 기회로 - 교원대학교	142
국립 청주박물관	146
청주 고인쇄박물관	151
일상과 죽음 - 백제유물전시관	156
문의 문화재단지	161

V. 이 땅의 현실과 인문의 삶

신숙주와 묵정영당(墨井影堂)	166
현실 직시하기 - 최명길 신도비	171
무심천변 카페 150	176
근본 되새기기 - 신항서원	180
가경동 발산공원에서	185
변두리 그림 정원 - 운보의 집	190
초정약수와 초정행궁	194
덕성이용원	199
오래된 책 나라 - 중앙동 헌 책방	204
이 탑이 있어 탑동이다	208

☐ 책을 마치며　　　　　　　　　　　　　213

Ⅰ.
이 땅을 지키다

- 볍씨의 고장 소로리
- 비단과 잠사박물관
- 단재 신채호 사당 및 묘소
- 천년의 나무 – 압각수
- 망선루
- 추억의 거리 – 성안길
- 흐르고 또 흐르네 – 무심천
- 가로수 길

▮ 볍씨의 고장 소로리

우리에게 주식이 무어냐고 한다면 망설임 없이 쌀밥이라고 하리라. 누군가는 한국인은 밥 힘으로 산다고 했다. 밥의 주재료가 쌀이니 쌀은 곧 우리의 생명이요 삶이다. 쌀은 벼의 껍질을 벗긴 것이어서 쌀은 벼라고 하겠다. 세계에서 가장 오래된 볍씨가 발견된 곳이

(옥산면 소로리 입구에 청주 소로리 볍씨 조형물이 서 있다.)

소리다. 우리의 생존과 직결된 곳, 그곳이 다름 아닌 청주, 내 고장에 있다.

그 볍씨가 출토된 곳은 어딘지 가보지 못했다. 길거리에 소로리 볍씨의 조형물과 설명만 기록되어 있고 어떤 안내시설도 없다. 그 대단한 중요도에 비해 소홀히 다루어지는 것은 아닌가 싶다. 청주의 상징물이 직지에서 소로리 볍씨로 바뀌었다. 그렇다면 직지에 쏟는 관심과 애정 못지않게 소로리 볍씨를 알리는 데 힘을 기울여야 할 것 같은데 두고 볼 일이다.

신석기 혁명의 특징은 농경과 목축이다. 그 이전에는 수렵과 채집이었는데 그것들로는 생활의 안정을 확보하기 어려웠다. 사내들의 수렵은 사람들을 들뜨게 하고 활동성과 적극성을 보여줄 수 있었다. 여인들이 중심이 된 채집도 큰 힘들이지 않고 먹거리를 확보할 수 있었지만 늘 존재하지 않는다는 불안함이 있었다. 요행과 운에 기대는 면이 컸다. 처음에는 농경과 목축에 대한 기대가 크지 않았을 것이다. 하지만 그것은 안정적이고 능동적이었다. 농경의 수확물을 점차 저장할 수 있게 되고 목축은 식량이 부족할 때에 언제든 보충할 수 있는 준비된 것이었다. 수렵과 채집이 그 양을 늘리기 어렵다면 농경과 목축은 노력 여하에 따라 얼마든지 생산량은 늘릴 수 있었다.

생활의 안정과 부양능력이 커지니 인구가 늘어날 수 있었다. 그 일에 결정적 역할을 한 것이 쌀일 것이고 그러한 역사의 현장이 소로리다. 부족한 정보에 아쉬움을 채우기 위해 얼마간 떨어져 있는 오창 〈벼전시체험관〉에 들렀다. 분명히 소로리 볍씨를 알리려는 의도인 것 같은데 초점이 잘 맞는 것 같지 않았다. 세계 최고(最古)라고 하면서 전시된 그림은 중국 어딘가에서 화살표가 건너와 있다. 확신이 있다면 적어도 본 고장에서만큼은 소로리로부터 보여주어야 하는 것 아닌가?

그곳 이름을 미래지(米來地)라고 했다. 오래된 지명 같지는 않지만 뜻을 살려 만든 것 같았다. "쌀이 온 곳"이라니 어디에서 왔단 말인가? 쌀이 난 곳 아니면 쌀이 자란 곳, 쌀의 고향 같은 의미를 새길 수 있는 곳이면 더욱 좋지 않을까. 지금의 시설과 열의만으로는 세계 최고 쌀의 고장이라는 사실을 알리기에 역부족인 것 같았다.

돌아오면서 많은 아쉬움이 남는다. 우리 생활에 아직도 막강한 영향력을 가지는 쌀의 고장이라면, 지역 이미지를 높이고 교육과 체험 관광지로 고장에 유익함을 줄 수 있을 텐데…. 결국 한정된 힘을 어디에 집중해 사용하는가의 문제일 것이다.

소로리를 지난다. 논에 벼가 한창이다. 벼는 덥고 강수량이 많은 곳에서 잘 자란다. 벼들은 자신들의 조상들의 조상을 기억할까? 그 특징의 한 부분을 이어받았으니 벼라고 불리고 있으리라. 소로리에 수시로 내리는 비 중에는 물의 순환에 따라 돌고 돌던 그 옛 시절의 빗방울도 있을 것이다. 때로는 폭우가 되어 오늘을 사는 용렬한 이들을 깨우치고자 하지 않을까? 식량자원 중에 으뜸이 당연히 쌀이라 한다면 그 원조에 해당하는 볍씨를 너무 홀대하고 있는 것이다.

우리 사회에서 오십 년 전까지만 해도 농자천하지대본(農者天下之大本)이라는 외침을 자주 들을 수 있었다. 한국인의 마음속에는 농촌과 농경으로 향하는 강렬한 향수가 있고 사고방식의 많은 부분에 아직도 확고한 농업의 구조가 있다. 삶의 뿌리와도 같은 곳을 잊고 살 수는 없다. 많은 이 땅의 어르신들이 타산이 맞지 않아도 벼농사를 포기할 수 없는 근본적 이유다.

쌀을 주식으로 하는 아시아의 많은 사람들이, 적어도 이 땅에 살아가는 이들은 마치 성지순례 하듯 한 번쯤은 돌아보아야 할 곳이다. 한국인들이 외국에 나가서 한식을 먹는 이야기를 간혹 듣는다. 여행까지 가서 추억으로라도 그곳의 음식을 먹을 것이지 왜 늘 대하는 음식을 찾는가 하는 의문이 있었다. 언젠가 모처럼 나도 외국에 들러 먹지 않던 것들로 끼니를 해결했더니 먹은 것 같지 않고 힘도 느낄 수 없었다.

누군가의 도움으로 한인마트에 들르니 눈으로 보는 것만으로 힘을 받는 것 같았다. 내 몸이 격렬하게 반응하고 있었다. 그 맨 아래 바닥에 쌀이 있었다. 활력의 원천, 힘의 근원이 밥이다. 내 고장 청주가 더 대단하게 여겨졌다. 바닥이 든든하면 어려움을 만나도 두렵지 않고 넘어져도 곧 다시 일어날 수 있다. 배 바닥이 흔들리는 것이 배멀미고, 땅이 흔들리는 것이 지진이다. 식생활의 확고한 뿌리가 우리 고장에 있다는 것은 양보할 수 없는 자부심의 원천이다. 볍씨의 고향이 소로리고 우리 고장 청주다.

청주를 수필로 그리면서 시작을 소로리 볍씨로 하고 싶었다. 가장 근본이라고 여겼기 때문이다. 소로리가 자리하고 있는 곳이 옥산면(玉山面)이다. 옥산(玉山)이 무엇일까? 옥으로 쌓은 산이니 옥처럼 맑은 쌀이 산처럼 쌓인 것을 표현한 것이라면 억지라고 하려나? 조상들은 옥을 무척 귀하게, 또한 쌀을 최고로 여겼다. 행복의 가장 근본이 등 따뜻하고 배부른 것이라고 했다. 가마솥 가득 흰 쌀밥 해 먹고 그 열기로 등을 덥힌 것이다. 근본을 확보한 우리 지역이 자랑스럽고 그리고 우리가 안정과 행복을 누리는 사람들이다.

▌비단과 잠사박물관

 흥덕구 강내면에 다른 곳에서는 좀처럼 찾아보기 어려운 잠사박물관(蠶絲博物館)이 있다. 우리 민족은 긴 세월 적당한 옷감이 없어 겨울을 나기가 어려웠다. 고려시대였던가, 문익점 어른이 원나라에서 붓 뚜껑에 감추어 들여왔다는 목화씨로 무명이 보급되고 의복에 일대 혁명이 일어난다. 하지만 무명과는 현격한 차이가 나는 것이 비단이다. 비단은 오랜 역사를 가지고 있고 아무나 입는 옷이 아니라 신분의 상징이었다. 비단은 곧 출세의 상징이자 성공을 보여주는 것이었다.
 인류사에 길이 남을 비단길도 있거니와 우리의 의식 속에 비단이 얼마나 대단하게 자리하고 있는가는 몇 어휘만 보아도 부족하지 않다. 우리나라를 금수강산(錦繡江山)이라 했다. 대단하지만 효과 없는 일을 '비단옷 입고 밤길 가기'라고 한다. 우리 가까이 흐르는 강이 금강(錦江)이다. 비단이 곧 금(錦)인데 金(금: Gold)에 帛(백: White cloth)을 더한 것이다. 눈처럼 흰 천도 귀한데 그것에 금을 더했다니 극상품일 수밖에 없다.

　동양에서 비단이 어떻게 대우를 받았는가를 생각하면 비단을 향한 사람들의 흠모와 욕망이 어떠했을까 짐작이 간다. 이런 찬란한 비단이 흉측한 누에에서 나오다니 초창기의 사람들은 이해하기 어려웠을 것이다. 효용과 가치는 인식까지도 능히 바꿀 수 있다. 비단의 효용이 대단하니 누에가 예뻐 보이고 사랑스럽게 여겨졌을 게다. 비단을 생산하기 위해, 왕실에서 양잠을 장려하고, 백성들은 양잠이 적잖은 돈벌이가 됨을 실감했을 테다.

　누에를 나타내는 글자가 잠(蠶)인데 참(朁)에 곤(虫虫)이 더해진 것이다. 벌레가 하나면 훼(虫), 둘이면 곤(虫虫), 셋이면 충(蟲)이다. 잠(蠶)은 일찍부터 있어온 벌레라는 의미니 유용성을 알아 오래전부터 기르고 비단을 추출한 것을 미루어 알 수 있다. 이 잠(蠶)을 줄여 간략하게 쓰는 글자가 잠(蚕)인데 천(天)에 충(虫)을 내려 썼으니 하늘에서 내린 벌레로 풀이할 수 있다. 비단을 생산하는 누에를 얼마나 높여 부른 것인가?

　누에의 먹이가 뽕잎이요 그것을 생산하는 나무가 뽕나무여서 우리나라에도 뽕나무를 적지 않게 심었고 우리에게 무척이나 친숙하다. 비단옷을 입지는 못해도 비단을 생산하기 위해 누에를 얼마나 많이 쳤던가를 선조들의 생활모습이나 그림을 통해서 짐작해 볼 수 있다.

　잠사박물관을 십여 년 전에 가 본적이 있다. 그때에는 주변에 별

다른 시설이 없었고 양잠에 관한 역사와 사진 전단 책자 양잠에 필요한 도구와 비단을 만드는 모습을 보여주었다고 생각했는데 그간의 변화가 놀랍다. 입장료도 대폭 오르고 놀이시설이 많이 늘어났다. 어떻게 받아들여야 할지 모르겠다. 이것을 나의 자가당착, 모순성이라 할 수 있을 것 같다. 평소에 가지고 있는 생각이 스토리텔링이 부족하고 놀이시설이 없어서 스쳐지나가는 구경거리밖에 제공하지 못하니 사람들이 모이지 않는다는 것이었다. 막상 많은 시설을 갖추어 이용자들이 모여드니 주객이 전도되었다고 목소리를 높이고 싶다.

양잠이 과거의 산업이요 추억만은 아니라고 한다. 뽕잎 차, 버섯, 누에가루 등 많은 것들이 건강과 관련된 상품으로 유망한가 보다. 최근에는 어린이를 동반한 체험학습공간으로 인기가 높다. 필요한 것을 알리고 놀이 공간을 제공하여 가족애를 높인다는데 시비를 걸 사람이 누군가. 그래도 왠지 허전함은 무엇 때문일까? 내 닫힌 사고방식이 원인이다.

인류에게 의복은 어떤 역할을 했을까? 그 출발이 추위와 더위로부터 몸을 보호하는 것이었나? 성경은 부끄러움을 가리기 위함이라고 말하고 싶어 한다. 굳이 우리의 신체 가운데 부끄러울 것이 무엇이 있는가. 하나님이 아름답게 만들어 주신 것이고 기능에 충실하게 이루어진 것인데, 더구나 모두가 큰 차이 없이 다 가지고 있는 것을 유별나게 자신만 부끄러워 할 것이 무언가? 부끄러운 것이 손이나 발, 얼굴이 될 수는 없었을까. 선입견과 고정관념이 만들어낸 문화의 산물이 아닐까 생각한다.

　옷은 신체의 보호나 부끄러움을 가리는 용도뿐 아니라 언제부턴가 한 걸음 더 나아가 자신을 돋보이게 하려는 용도로 쓰이기 시작했다. 나는 다른 이들과 다르니 나를 주목해 달라는 호소다. 이것이 의류업계와 맞물려 유행 상품이 되고 그에 무심하면 무언가 처지는 것 같아 앞뒤 가리지 않고 따라간다. 옷이 부족해서가 아니라 마음에 드는 것을 찾고 걸치기 위해 많은 옷을 구매하고 그들의 요구에 맞춰 생산해 낸다.

　자신을 드러냄에서 자연스레 자신의 과시와 신분의 상징이 되어 나는 이런 옷을 가지고 있고 입을 수 있지만 당신들은 그렇게 할 수 없지 않느냐는 수준으로까지 나아가는 것 같다. 옷으로 사회문제를 일으킨 일도 있고 우리 환경과 기후에서 필요하지 않은 옷들이 광고되는 것을 보면서 허영심에 호소하는 것 아닌가 싶기도 하다. 값비싼 모피광고를 볼 때 든 생각이었는데 극지방이 아닌 곳에서 그런 것들을 살만한 이들이면 난방이 안 돼 추위에 떠는 이들이 아닐 것이다. 오히려 겨울에도 집에서 속옷만 입고 살만하고 나들이도 따뜻한 차량으로 갈 텐데 저런 옷이 왜 필요할까 하는 의아함이 있었다.

　어쩌면 잠사박물관으로 인류의 역사를 관통해 보아도 되지 않을까 한다. 조금 더 궁리하면 더욱 빛나는 박물관으로 거듭날 수 있지 않을까? 청주에는 다른 곳에서 쉽사리 찾을 수 없는 잠사박물관이 있다.

단재 신채호 사당 및 묘소

(인격과 성품이 보이는 것 같은 단재 신채호)

상당구 낭성면 귀래리에 단재 신채호 선생의 사당과 묘소가 있다. 묘는 대전 현충원 애국지사 3묘역에 이장되었다니 묘석만 있는 셈이다. "아(我)와 비아(非我)의 투쟁(鬪爭)"이라는 어구가 무슨 공식처럼 튀어나온다. 단재의 역사의식일 것이다. 어려서부터 영특했고 스물여섯에 성균관박사가 되었다고 한다. 평생 언론인 역사학자 교육자 문인 독립운동가 등 어떤 한 가지로 한정지을 수 없는 삶을 살았다. 조국에서 활동이 어려워지자 상해 북경 같은 곳으로 자리를 옮겨 활발히 자신이 할 수 있는 많은 일들을 했다. 1929년에 일경에 체포되어 1936년 쉰일곱 나이에 뤼순감옥에서 순국한다.

내가 고등학생 때였던가 아니면 대학생 시절이었나 신채호 선생이 청주에서 성장하고 사당이 이 지역에 있다는 것을 알고 걸어서 가 본 적이 있다. 그때는 관정리 어느 곳에 사당이 있었던지 이번에 본 모습과는 전혀 달랐다. 뭔가 작고 초라하다는 느낌을 받았는데 이제는 그래도 최소한의 예우를 해드린 것 같다는 생각을 했다. 꽤 넓은 공간에 기념관 사당 묘소구역이 있고 동상도 세워져 있었다. 시대와 맞지 않는 내 닫힌 사고지만 지금도 시골인 그 지역에서 단재 선생과 같은 분이 자라날 수 있었다는 것이 쉽게 이해되지 않는다.

두 개의 신문사에 근무하면서 민족의식이 뚜렷한 논설과 글들을 싣고 독립운동단체를 만들고 가입해 활동을 하고 이론적 바탕을 형성해 간다. 낭중지추(囊中之錐)라는 말이 떠오른다. 재능만 있다고 세월이 흐르면 되는 것은 아니다. 단재 선생이 주야로 부단히 노력한 결과일 것이다. 단재는 고대사에 지대한 관심을 가지고 있었다. 『조선상고사』를 비롯한 몇 권의 역작이 있다.

그분은 세수할 때도 허리를 굽히지 않아 옷을 많이 적셨다고 한다. 일본에 고개를 숙이기 싫어 세수조차 고개를 빳빳이 세워 했다니 그의 결기와 고집을 짐작할 수 있겠다. 그토록 자주적이기를 원했으니 묘청의 서경천도운동을 조선역사상 일천년래 제일대사건으로 묘사했고 그를 진압한 삼국사기의 편집자 김부식을 비난했다. 신념을 세우고 철저히 그 신념을 따라 살았던 선생 같은 이가 그립고 그런 삶을 살고 싶다.

　그분과는 전혀 다른 비교할 수 없이 좋은 여건에서 살아가면서 그분의 십분의 일만큼도 행하는 일이 없다는 것을 생각하면 민망하기 그지없다. 감옥에서 고향으로 돌아오지 못하고 순국하셨으니 그분도 자라난 고장 낭성면 귀래리가 그립고 보고 싶었겠다. 어찌 장소뿐이었을까. 그리운 얼굴들도 많았을 것이다. 선생과 같은 분들이 조국의 독립을 위해 쉬지 않고 호소해 마침내 조국에는 독립이 왔지만 선생은 그 순간을 보지 못하였다. 유해와 혼이나마 광복된 조국의 흙냄새와 공기를 마음껏 향유하시면 좋겠다. 이 글을 쓰면서 의식하지 못한 채 선생에게 경어를 사용하는 내 자신을 본다. 민족의 큰 어른 앞에 숙여지는 몸과 마음일 것이다.

　단재 선생의 생애를 보면서 뛰어난 재능을 가지고 이 땅에 태어나는 것이 꼭 행복한 것만은 아니겠다는 판단을 한다. 이 땅의 많은 장삼이사(張三李四)들은 역사에 길이 남을 일을 하고 싶어도 능력이 부족해 채 이루지 못한다. 그것을 알기에 누구도 그리 심하게 탓하지 않는다. 과도한 기대를 하지 않으니 시달릴 일도 없다. 특별히 눈에 띄는 이들은 자타로부터 기대치가 높으니 부담스러운 삶을 살게 되고 방향이 잘못되면 많은 이들에게 피해를 끼치고 오래도록 불명예로 기억될 것이다.

　지적인 면뿐 아니라 예능과 신체적 능력조차도 자신의 노력으로 변화시킬 수 있는 부분보다 타고나는 면이 더 큰 것 같다. 그렇게 이해한다면 사회의 지도층을 이루는 이른바 잘 나가는 이들이 우월의식을 느낄 것이 아니라 책임의식을 가져야 한다. 그런 중요한 위치에 있게 된 것이 자신의 노력이나 애씀이라기보다 그에 맞도록 준비된 것이기 때문이다. 지나친 운명론처럼 들릴 수 있지만 잘 받아들이면 서로가 겸손하게 조화를 이룰 수 있지 않겠는가.

단재 신채호는 자신에게 부여된 일을 제대로 실행했다. 조국이 위기에 처했을 때, 많은 재능을 가지고 태어난 이 땅에서 조국에 대한 사랑과 열정을 일깨우고 본이 되는 삶을 살았다. 우리 지역에 단재 같은 이가 살았다는 것을 모른 것은 아니지만 한동안 잊고 살았다. 그의 묘소에는 유해가 대전 현충원 애국지사 묘역으로 옮겨졌다는 설명이 붙어 있었다. 그분이 하신 것 같은 역할이 이 시대에도 필요하다는 인정과 요청이라고 판단할 수 있지 않을까.

내가 가진 재능은 나만을 위한 것이 아니다. 지역과 사회와 국가와 나아가 인류를 위해 갈고 닦아 사용하도록 내게 허락한 것이다. 시간과 공간을 초월하여 내 재능을 성실히 연마할 일이다. 낭성면 귀래리에서 조국을 위한 초석의 역할을 단재가 한 것처럼 공간과 시간을 탓할 것이 아니라 스스로 갈고 닦지 않음을 탓해야 할 것이다. 나태와 게으름은 자신에게 해로울 뿐 아니라 그것 때문에 유익을 누려야 할 이들이 받지 못할 수 있다는 것이 더 큰 문제다.

청주 한 모서리에 단재 신채호의 사당과 묘소가 있어 그를 기억하라는 무언의 독려를 한다. 그의 수고로 우리가 자유롭고 평화로운 이 땅에 살고 있다. 그분에 대한 최소한의 예의가, 우리가 그분들의 노고를 잊지 않고 있음을 보여주는 것이 아닐까. 낭성면 귀래리에는 단재 선생의 사당과 묘소가 있다.

▍천년의 나무 - 압각수

중앙공원에서도 중앙에 높은 단을 쌓은 형상으로 자리 잡고 하늘 높이 솟아 있는 은행나무가 압각수다. 공원 내에서 제일 연장자일 것이다. 구백 살이 넘을 것이라 하니 누가 그를 당할 수 있을까. 중앙의

(중앙공원의 중앙에서 위용을 자랑하고 있는 압각수)

중앙에 있는 압각수는 건강이 악화돼 있는 것 같다. 시멘트로 복부의 한쪽을 채우고 있으니 깁스를 한 것 같아 애처롭다. 그런 중에도 넘치는 생명력으로 푸른 잎을 쏟아내 살아있음을 보여준다. 천년 가까이 살고 있는 노거수 앞에 오가는 이들은 무슨 생각과 걱정들을 하고 있을까?

압각수는 오가는 이들을 향해 '괜찮다, 괜찮다' 할 것 같다. '내가 구백여 년 살아보았는데 아무리 죽을 것 같고 대단한 문제라도 세월과 함께 지나가고 작아져 별스럽지 않은 것으로 되더라, 다 괜찮다.' 병자호란 임진왜란 6.25전쟁까지 다 겪어본 천년 나무 압각수가 하는 말이라면 그럴듯하지 않은가? 목숨만 붙어있으면 생명력만 잃지 않으면 다 이겨낼 수 있다.

무고에 시달려도 갑작스런 홍수에 압각수 위에 올라가 살아남은 이들은 죄 없이 뒤집어쓴 누명을 벗을 수 있었다. 오리발 같은 뿌리로 온몸을 받치고 오리발 같은 잎으로 햇빛과 빗물을 마시며 푸른 하늘 향해 꾸준히 자라난 게 오늘의 모습이다. 한 해에 한 치(약 3cm)씩 꾸준히 자라난 셈이다. 물론 지금도 꾸준히 자라고 있는지 모른다. 꾸준히 잎이 나고 은행이 열리는 것으로 보아 생명활동을 왕성히 하고 있는 것은 분명하다.

압각수가 품고 있는 역사 이야기는 재밌을 뿐이다. 홍수에 은행나무에 올라가 산 사람이야 얼마나 고마울까? 생명을 건지고 누명과 형벌도 벗었으니 매년 찾아와 감사를 표하고 나무에 거름을 주어도 부족하리라. 현대에 이르러 그 의미는 무엇인가? 그 당시에도 무시무시한 자연재해가 있었구나. 사람은 자연 앞에 유약한 존재일 수밖에 없다. 자연을 경제적 이익의 수단으로만 알고 파헤치고 낭비해 온 인간이 이제는 겸손을 되찾고 자연의 무서움을 알았으면 좋겠다. 벌써 기후 위기가 우리 곁에 다가와 있다.

압각수는 언제 큰 부상을 당했는지 복부 중앙에 시멘트로 처방을 했다. 이물질을 끌어안고 긴 세월을 살아가는 뭔가 크게 어울리지 않는 모습이다. 허약해진 나무 뱃속에 시멘트를 들어부을 생각을 어떻게 했을까. 수백 살 살아온 나무에 대한 예의가 조금도 없었을까. 은행나무의 뱃가죽을 바라보는 많은 시민들 눈이 떠오른다. 나무는 어른처럼 말이 없다. 서러운 취급을 받아도 그냥 묵묵히 견디고 참아낸다.

공원 한가운데서 오가는 이들을 보며 말없는 교훈을 건넬 뿐이다. 압각수로 긴 세월을 살아남게 한 것은 무엇일까? 인류의 대철학자 장자가 말한 무용지용(無用之用)은 아니었을까. 어렸을 은행나무, 수십 년 되었을 은행나무를 생각해 본다. 이렇다 할 쓸모보다는 지역을 지키고 추억을 쌓아주는 나무 아니었을까. 은행나무는 오가는 많은 이들에게 그렇게 말하고 있지 않을까. '잘나고 못 난 것에 너무 연연해하지 마라.' 잘나고 못난 게 그리 대단한 것 아니다. 일찍 눈에 띄어 재능을 과용하다가 일찍 시드는 일은 없는가?

대기만성(大器晚成)을 아무 곳에나 함부로 쓸 것은 아니나 사람들

눈에 띄지 않는 것이, 별다른 재주 없음이 꼭 서글퍼 할 일만은 아니다. 나는 모든 면에서 시원찮음을 면할 수 없는 사람이다. 눈에 띄게 마련인 예·체능엔 거의 젬병에 가깝다. 고등학교까지 12년 세월 학교에 다니면서 부를 줄 아는 노래 한 곡 없고 남들 운동하는 곳에 잘 끼지 못하고 그림 하나 완성해 본 것이 없다. 그런 것들로 인해 많은 어려움을 겪기도 했다.

신체적으로도 열악하다. 신장이 작고 몸도 왜소하다. 시력이 약하고 소화기능이 좋지 않다. 길을 잘 찾지 못하고 몇 번 본 이들도 잘 기억하지 못한다. 아무 쓸모없는 불량품 같아도 내 스스로는 그렇게 생각하지 않는다. 세월이 가니 누구도 내게 큰 기대를 걸지 않는다. 나만의 자유로움을 느낄 수 있다. 키 작고 몸이 약하니 남들이 나를 도와주려 하고 내게 경계심을 갖는 이가 없다. 누구도 나를 경쟁자로 여기지 않으니 얼마나 편하고 신나는 일인가?

다른 이들의 눈에서 자유롭고 그들이 기대하지 않으니 조금씩 하는 일이 세월과 함께 쌓여간다. 긴 세월 살아남아 구백 살이 넘으니 사람들이 찾아오고 돌아보아 준다. 일찍이 가진 재능 없어 끌려 다니지 않았으니 한자리 지킬 수 있었고 이제 그 자리에 주인이 되어 있다. 남들과 비교하는 것은 할 일이 아니다. 자신의 또래들과 비교하고 주눅들 것이 아니라 많은 것이 서로 다른 이들과 함께 어울려 살 일이다.

날이 흐리더니 조금씩 비가 내린다. 비는 중앙공원에 있는 탑과 비석과 나무와 건물을 차별하지 않는다. 비 햇살 바람 달빛은 상대를 따라 달리 대하지 않는다. 못난 사람들이 남을 차별하지 큰 자연은 잘나고 못남을 가리지 않는다. 공원의 비석들도 세월과 함께 친숙한 모습들이 된다. 지나는 이들의 얼굴에 여유가 서려있다. 조급함이 멈춘 곳에 수백 년의 세월이 쌓인 압각수에게서 '다 괜찮다'는 위로를 받는가 보다.

중앙공원은 작다. 넓은 공원을 대하다 이곳에 오면 불평이 생긴다. 대형 쇼핑몰이 편리하지만 그곳에선 물건 몇 개 사려해도 먼 거리를 다녀야 한다. 구멍가게에 가면 몇 걸음 걷지 않고 필요한 것을 다 찾을 수 있다. 중앙공원에는 많은 볼거리들이 모여 있다. 그 중앙에 오리 발가락을 닮은 거목 압각수가 오늘도 당당한 모습으로 서 있다.

▌망선루

 긴 세월 살아남아 많은 광경을 보고 험한 꼴을 겪기도 했다. 오랜 세월을 버틴다는 것이 어떤 것일까? 견뎌낸 세월 700여 년, 내 나이 얼마인지 정확히 모르고 이제 그 의미조차 흐릿하다. 청주의 중앙에 터 잡았지만 더 이상 시민들은 내게 와 고단한 몸을 맡기지 않는다. 사람들과 어울리고 이웃들과 한데 섞일 때, 내게도 희로애락이 넘실 댈 텐데, 한 곳에 밀려나 떠들썩한 소리나 듣고 있으니 재미없고 심심하기만 하다.

 언제였던가? 내 모습이 세상에 나타난 것이. 사람들의 관심은 눈에 띄던 날 반짝할 뿐이었다. 청주의 한 곳을 오래 지키고 있다가 다시 사람들의 눈길이 내게 쏠린 것은 14세기 중엽이었다. 왕이 피신해 이 고장에 몇 달 머물다 최고위 공무원 임용시험인 과거를 내게로 와 치렀다. 청운의 꿈을 품은 이들이 모여들었고 몇 사람 실력자들의 이름이 내 벽에 걸리기도 했었다.

 당시 사람들은 나를 취경루(聚景樓)라 불렀다. '경치를 보려고 모여

드는 누각'인 셈이니 어찌 선비와 한량들이 없을 수 있으랴. 그들이 머무는 곳에 빠지지 않는 것이 한 잔 술과 시와 노래니 한다하는 이들이 내게로 찾아와 은근히 자신들의 실력과 기량을 드러내며 서로 자극을 받았을 것이다. 그로부터 백여 년의 세월이 흐르고, 많은 이들이 나를 찾아준 것이 내게 무리가 됐는지 몇 차례 수술과 치료를 받았다.

고려가 조선이 되고 숱한 왕들이 이 땅을 다스리다 죽고 새 왕이 서고 여러 번의 전쟁을 거쳐 국운이 쇠했는가? 언제부턴가 왜놈들이 내 주변을 드나들고 서성이곤 했다. 예의도 염치도 모르던 것들이 지역의 어른인 내가 눈에 거슬렸던 모양이다. 그들 몇이 쑥덕거리고 어느 날 나를 철거하겠다고 했다. 그들의 서슬 퍼런 위세에 기침소리도 크게 내지 못하던 이들이 반대도 저항도 하지 못했다. 그때에 지역을 사랑하고 이 땅이 아닌 하늘에 소망을 두고 살던 겁 없는 청년들이 그럴 바에야 자신들이 모셔가겠노라고 나서 온갖 어려움을 겪으며 내 삶을 이어가게 했다.

그들이 함께 모여 예배하는 곳 한쪽에 나를 머물게 하고는 수시로 젊은이와 어른들이 나를 찾아와 울분을 토하고 꿈을 얘기하고 서로를 격려하며 돌아가곤 했다. 청년들과 학생들, 뜻있는 지사들을 만날 수 있었던 그 시절이 내게는 가장 기억에 남는 시절이었다. 세월이 흐르고 나를 기억하는 이들이 언제까지나 나를 그곳에 머물게 할 수 없다며 다시 시민들이 자주 찾는 공간으로, 한 기관의 그늘에 머물기

보다 모든 시민들의 자랑이 되어야 한다며 뜻을 모아 내 자리로 마련해 준 곳이 지금의 중앙공원이다.

나는 못마땅한 순간들도 많다. 내가 나이가 많아선지 주변에 모여드는 이들도 연만한 노인들이 태반이다. 허구한 날 그들이 모여들어 윷가락 던지는 소리가 내 귓가를 떠나지 않는다. 때로는 의견충돌과 함께 싸우는 소리도 심심찮게 들린다. 삶과 희로애락을 함께 한다는 그럴듯한 말들을 할 수 있지만 좀 더 창조적이고 역사가 숨 쉬는 곳으로 내 자리가 기억되고 싶다.

건물이라는 것이 무엇일까? 함께하는 이들과 친숙한 재료들, 흙과 돌과 나무로 몸체를 이루고 벽을 두르고 선호를 따라 색을 입혀 보는 이들의 눈을 즐겁게 하고 호사가들에게 화젯거리를 제공한다. 하지만 정작 쓰이는 것은 빈 공간이다. 목적이 같은 이들이 찾아와 앉는 곳도 빈 곳이요, 무언가 생각을 적어 붙여놓는 것도 빈 공간이다. 빈 공간을 만들기 위해 온갖 귀한 재료들을 모아 쌓는 것이지 그 재료들이 최종 목적은 아니다.

어느 때던가, 나를 찾아오는 이들이 망선루(望仙樓)라는 말들을 자주 쓰기 시작했다. 한동안 세월이 지나고서야 그것이 나를 칭하는 것임을 알 수 있었다. "선경을 바라보는 누각" 그리 탓할 이름은 아니었다. 취경루나 망선루나 내게 차이가 무엇인가? 나이든 내게 찾아와 한낮을 즐기다 가벼운 마음으로 돌아갈 수 있으면 나는 언제나 별 불만이 없다.

내 주변에 함께 머무는 이들이 이제는 다 나이가 들었다. 그들의 삶에도 신산함이 있었고 비바람을 지내온 흔적들이 남아 있다. 내 발아래 척화비가 작고 깨어진 모습으로 햇살과 비를 맞으며 이웃하고 있고 항일에 앞장섰던 의병장한봉수송공비가 의젓이 자리하고 있다. 자신의 신앙에 생명을 바친 이들을 기리는 순교현양비도 한쪽에 있다. 그런가 하면 어쩌면 나보다 더 어른이랄 수 있는 은행나무 압각수께서 비록 배 앞부분에 수술 흔적이 완연하지만 여전히 정정한 모습으로 중앙공원의 가운데를 지키고 있다.

한때는 이곳을 서성이던 많은 사진사들이 사라지고 이제는 사람마다 전화기인지 사진기인지 모를 물건들을 들고 여기저기 모습을 담기에 분주하다. 특히나 가을이 깊어 가면 더욱 많은 이들이 모여들어 우리 두 노인의 모습을 담아가기에 바쁘다. 마당을 가득 채우던 사주 관상 토정비결을 봐주던 이들은 어디로 갔을까? 그곳을 찾던 핏기 없던 사람들, 부실한 입성에 퀭한 눈동자의 젊은이들을 대하지 않게 된 것이 잘된 일인지 어떤지 알지 못한다.

그 많던 젊은 남녀들은 어디로 간 것일까? 그때의 젊은이들은 이제 흰머리노인들이 되어 있으리라. 세대를 이어 몰려들던, 짝을 이뤄 부끄러운 듯 살며시 손을 잡고 이곳저곳을 거닐며 사진을 찍던 젊은이들이 보고 싶다. 압각수 노인이 내게로 보낸 편지일까? 노랗게 물든 은행잎이 아무도 오르지 않는 내 이층 마루에 바람을 타고 배달되어 왔다. 보나마나 잘 지내냐는 안부엽서일 것이다.

▎추억의 거리 – 성안길

　청주에서 한 세월을 살았다면 '본정통'으로 부르던 성안길을 여러 번 다녀보았을 것이다. 청남교 지나 무심천 제방을 넘으며 시작되어 북문에서 끝나는 그 옛날 청주 성안의 남문과 북문에 걸쳐 있었음직한 통로다. 걸으면 십 분 십오 분이면 관통할 만한 거리다. 남쪽으로 식재료 중심의 가게들이, 북쪽으로는 관청과 옷가게들이 즐비하다. 이 거리에 통행인들이 많아 지나다 보면 아는 이들 한둘은 만나게 된다고 했다.

　청소년 시절에는 형제자매들이나 친구들과, 청년이 되어서는 연인들과 자주 다닐 법한 거리다. 나는 형들과 누이와 나이 차이가 많아 함께 그 길을 걸었던 추억이 없다. 청년기에 연인이 없었으니 그것도 해당이 되지 않는다. 어린 시절 내 살던 곳이 청주의 외진 곳 금천동이었고 굳이 성안길에 나설 일이 없었다. 집과 학교와 이모네집이 내 삶의 반경이었으니 이 길은 내게 낯선 길이었다. 그저 아버지를 찾으러 장에 가면 닭들을 사고파는 곳을 들렀다.

중학생이 되고 내게 열린 새 세상은 교회였다. 하지만 그것은 활짝 열린 것이 아니라 조금 들여다본 어색한 나라였다. 그 시절 성탄절 분위기는 대단했다. 십이월이 시작되면 기다렸다는 듯 캐럴이 거리에 흘렀고 가게들이 서둘러 성탄 분위기를 만들어내고 있었다. 그럴 즈음에 성안길을 걷다보면 손수레에 성탄카드를 진열하고 파는 곳이 여러 군데 있었다. 그 그림들을 살펴보는 것이 재미있었다. 카드를 보내고 받을 이가 많지 않아 노점에서 성탄카드를 사지는 않았다.

고등학생이 되니 생활반경이 조금 더 확대되었다. 학교가 집에서 멀어 그 안에 있는 공간에 관심이 갔다. 어느 순간 다시 시작한 교회생활로 내 삶의 울타리가 확장되었다. 그때 출석한 교회가 청주의 근대사에 큰 기여를 한 전통이 있는 교회였고 육거리 시장 안에 있어 성안길과 가까웠다. 다른 많은 교회들이 시내에 있다가 성장과 함께 부지를 넓혀 시외로 이전을 했지만 그 교회는 그 위치의 역사적 중요성을 고려해서인지 옮기지 않았고 지금도 그 자리를 지키고 있다. 세월이 지나고 보니 내가 다니던 교회가 청주에서 얼마나 중요한 역할을 했었나 보다 객관적으로 보게 되었다.

어쩌다 시간이 나면 성안길을 걸었다. 그 길 끝에 서점이 있었던 듯도 하고 뭔가 찾아갈 일이 생기곤 했었다. 사람이 많다는 사실만으로도 그 길의 의미는 특별했다. 뭔가 들뜨고 신나는 분위기가 있었다. 내 삶이 허전해서였는지 모른다. 아무 일도 생기지 않는 거리를 마치 어떤 일이 일어나기를 기대하는 심정으로 걷곤 했었다.

(최근의 평일 오후 성안길 모습, 한산해 보인다.)

교회를 나와 북문 쪽으로 그 거리를 걸으면 많은 옷가게들이 있었다. 지금도 그렇지만 당시에도 옷에 관심이 없었다. 어디나 교복을 입고 다니면 불편함이 없었다. 아침 일곱 시도 되기 전에 집을 나서서 밤 열 시나 되어서야 집에 들어오는 학습노동자의 삶이 당시 고등학생의 모습이었는데 지금도 크게 달라진 것이 없어 보인다. 그 외의 시간은 잠자기에도 빠듯했다.

학교생활을 순종적으로 했는데 재미는 없었다. 수업내용은 이해되지 않는 부분이 많았고 예체능 시간은 더 적응하기 어려웠다. 아침부터 밤중까지 참고 기다리는 것이 학교생활이었다. 가끔씩은 학생들이 단체로 행사에 동원되기도 했고 예고 없이 시험이 치러졌다. 선생님들의 횡포도 만만치 않아서 수업시간에 매 맞는 일은 일상이었 다. 뭐 그런 학교, 그런 시절이 있었나 하겠지만 당시에는 당연하게 받아들여지는 학교의 문화여서 이상하다고 느끼지 못했다.

그 압박감이 주말이면 성안길로 학생들의 발걸음을 끌어당겼고, 세대가 다른 사람들도 그들 나름의 벗어나고 싶은 마음과 해방감에 그리로 끌렸는지 모른다. 그 길에는 제과점 서점 약국 우체국 같은 건물들이 있었고 주변으로 남궁병원과 중앙공원 철당간이 있었다. 그 시절 가난한 이들의 마음을 위로해 주는 그 무엇인가가 그곳 그 거리에 있었나 보다.

결혼하고 나이가 들어 그곳을 거닐어 보았다. 거리는 여전히 붐볐 지만 아는 이는 만나지 못했다. 아내가 임신 중이었을 때에는 임신한 여인들이 눈에 자주 띄더니 이제는 더 이상 임신한 여인들이 눈에 들 어오지 않는다. 자신의 처지와 관심사에 따라 보이는 것들이 달라지 나 보다. 아내는 가끔 내가 안 됐는지 그곳을 지나며 옷을 한두 가지 사주기도 한다. 나는 다 괜찮아 보이는데 아내는 한참을 고르다가 그 냥 나오기도 했고 그런 때는 마음속에 짜증이 차오르기도 했다. 이제 는 그 거리를 나보다 자녀들이 더 자주 가는 듯하다.

예전 성안에 있던 지역이 이제는 빈 도심이 되어가고 있다. 그럼 에도 여전히 사람들이 모이는 곳이 성안길이다. 도시의 기능이 분산 되면서 각 거리의 차별화가 이루어졌다. 승용차 이용이 일상으로 정 착하며 주차가 용이하지 않은 곳에 사람들이 모이기 어려워졌다. 장

보기도 커다란 쇼핑몰 위주로 변화되었고 문화생활도 한 곳에 집중되고 있다. 한 곳에서 서로 다른 작품들을 상영관을 달리하여 운영하는 영화관이 좋은 본보기라 하겠다.

그럼에도 사람의 물결이 넘치는 거리가 성안길이다. 그곳에는 언제나 삶의 무늬가 있고 젊음이 있고 생기가 넘친다. 청주의 역동성과 변화를 보려면 추억의 거리, 성안길로 가야 한다. 한쪽에서는 산을 허물고 새 도시를 만들고 무엇엔가 불만을 호소하며 시위를 벌이기도 하지만 청주의 한복판에서는 여전히 어제와 다름없는 듯, 인파로 붐비는 성안길이 있다.

▎흐르고 또 흐르네 - 무심천

(장평교 부근에서 청주시내 방향으로 흐르는 무심천)

 무심천과 청주를 따로 생각할 수 있을까? 각 도시에는 대표적인 물길이 있다. 파리의 센 강, 서울의 한강, 공주의 금강, 평양의 대동강처럼 말이다. 따지고 보면 대부분 강이니 천은 좀 약하다. 또한 널따란 수면에 찰랑거리는 많은 물은 보는 이를 편안하게 하고 생명의 힘을 느끼게 한다. 물이 얼마나 사람들에게 필요하면 명당의 조건으로 첫 번째 꼽는 것이 배산임수(背山臨水)일까? 무심천이 아니라 무심 강이라면 좋겠다.

청주에 얼마간이라도 살아본 이들은 무심천을 기억할 것이다. 조금은 적은 듯 소리 없이 흐르는 천, 긴 세월을 있는 듯 없는 듯 함께 해 온 냇물이다. 언제부턴가 노래를 좋아하는 민족성에 맞춰 노래 경연을 통해 가수를 선발하고 민중들에게 알리는 방송이 늘어났다. 그들을 심사하는 이들은 한 소절만 듣고도 그 내공을 알 수 있는가 보다. 마치 그것처럼 혀끝으로 입 밖에 "무심천"하고 밀어내면 단박에 그 품격과 수준이 다 드러나는 느낌이다. 그 이름만으로 이미 많은 것을 보여주어 아는 이들은 그 넓이와 깊이를 다 안다. 유장하게 흐르는 강이 아니라 어디쯤에선가는 끊일 듯 좁고 적은 유량으로 무심히 흐르는 냇물이 그려진다. 족하다. 그런 것이 무심 아닌가.

어떤 것에도 과도한 욕심 없이, 때로는 마음을 비우고, 최고 최초 최대라는 수식어에서 자유롭게 살아갈 수 있음이 무심의 바탕 아닐까? 어떤 이들은 청주사람과 청주를 가볍게 생각하는 것 같다. 그런 발언에 우리는 일일이 반응하지 않는다. 내세울 인물이 있느냐, 분명한 특산품이나 명소가 있느냐고 물어도 크게 반응을 보이려 하지 않는다. 마치 당신들과는 살아가는 '급'이 다르고 사고의 '차원'이 다르다는 격이다. 평소에 아무 말 하지 않아도 소신대로 정확히 선거하는 곳이 이곳이고, 금속활자로 간행한 현존하는 최고의 책을 낸 곳이 이곳이고, 가장 오래된 볍씨가 발견된 곳도 이곳이다.

말없이 강한 곳으로, 욕심을 떨치고 빈 마음으로 큰 진폭 없이 평온한 일상을 살아내는 이들이 모여 있는 곳이요, 지속적으로 그런 힘을 주는 원천이 바로 무심천이며 무심이다. 이 냇가를 따라 오래전에는 빨래하는 아낙들 무리가 있었고 염색하는 일군의 사람들도 있었다. 여름이면 아이들이 맨몸으로도 부끄러움을 모르고 첨벙대며 멱을 감았고 겨울이면 적당한 공간을 막아 썰매를 타기도 하고 허전한 마음에 둑을 따라 하염없이 거니는 이들도 있었다.

많은 면이 늦은 내가 무심천을 의식하기 시작한 것은 언제일까? 결혼하고 딸들이 태어난 후가 아닐까 생각한다. 1980년대 중반에 결혼을 하고 딸 셋을 나이차 별로 나지 않게 두었으니 1990년대 초반이었을 게다. 어린이날쯤이었으리라. 나보다 나이가 몇 살 위인 처형이 무심천 제방에 활짝 핀 개나리를 배경으로 하루를 보내며 아이들 사진을 많이 찍어주었다. 그 사진을 오래도록 보았고 그 기억이 쉽게 지워지지 않는다.

생각이 난다. 1970년대 중반 어느 해였던가? 고등학생이었을 때 여름방학에 학생들을 무심천에 모아 풀을 깎고 그것으로 퇴비를 만들게 했었다. 어머니는 가난 속에 식구들 끼니를 거르지 않을 수 있다면 못할 일이 없으셨다. 내가 아주 어릴 때에는 어머니가 집에 계시지 않아 오래 울었던 기억이 있는데 그날 해질녘에 어머니는 밀가루 한 포대를 머리에 이고 오셨다. 지금으로 치면 공공근로라 할 것이다. 하루를 일하고 받아온 것일 테니 그때도 형편 어려운 이들이 무척이나 많았나 보다.

　1990년대 중반께 아니었나 싶다. 어떤 계기가 있었던지 학생시절에 나를 오랫동안 골탕 먹였던 영어를 긴 세월 동안 끌어안고 있었다. 그게 이어져 방송대에서 영어영문학을 공부하기도 했는데 당시 세계화 바람이 불면서 실용영어가 강조되던 때였다. 주변에 영어에 관심이 있거나 영어 조금 하는 목회자들과 함께 거창하게 "영어 공원"이라는 이름으로 지역에 영어 붐을 일으켜 보려 했다. 말하는 영어, 생존영어를 강조하여 열린 공간에서 그곳에 있는 사람들과 어울려 쉬운 회화를 나누곤 했는데 그때에 몇 번 찾아간 곳이 무심 천변이었다.

　가끔은 천변에 무대가 설치되고 복싱경기가 열리기도 했다. 인지도와 인기에서 밀린다고 생각해서인지 그때는 그 경기가 끝나고 나서 돗자리를 깔고 프로그램을 진행했었다. 그 즈음에 지자체에 의해 무심천이 서서히 시민의 공간으로 개발되고 가끔은 시민들을 위한 행사가 열리기도 했다. 그러더니 천을 따라 도로가 나고 산책을 하고 자전거를 타는 이들이 늘어났다. 물가를 따라 초목이 무성해지고 가을에는 억새가 날리고 쓸쓸한 분위기를 자아내기도 했다.

　무심천이라고 전혀 감정이 없는 것은 아니었다. 어쩌다 한 번씩, 청주시민이 자신을 잊었다고 생각이 드는지 황토색 물결을 넘실거리며 위용을 드러내기도 하면서 무심천이 작은 하천이 아님을 과시하기도 한다. 물은 인간을 부르는 원초적인 힘을 가지고 있는가 보다.

물살 따라 초목들을 길러내기도 하고 때론 순전히 손맛을 내세우며 강태공들을 유혹하기도 한다.

　주변의 하천들이 모천인 무심천으로 모여든다. 위아래 가리지 않고 서로 평등하다는 듯 깊이에의 욕망을 잠재우고 무심히 흐르고 흘러 미호천과 하나를 이룬다. 숨고를 사이도 없이 금강 속으로 들어가 마침내 서해에 이른다. 모두가 하나인 것을 굳이 이 지역을 흐르는 물을 구별 지어 무심천이라 부른다. 어쩌면 무심천은 무심이란 자신의 이름조차 잊고 싶을지도 모른다.

▌가로수 길

많은 이들이 청주를 생각할 때 기억하는 것 중 하나가 가로수 길이다. 가로수 없는 도시가 없고 가로수가 심긴 길이면 가로수 길이라 할 수 있는데 왜 유독 청주를 연상하는 것일까? 청주의 가로수 길이 그만큼 인상적이라는 말일 게다. 청주의 진입로에 한동안 터널 같은 플라타너스가 이어지니 한여름에는 시원한 그늘과 경치로 몸과 마음이 즐겁다. 몇몇 영화나 드라마에 소개되어 친숙함을 더하는 것도 한 요인일 것이다.

오랜 기간 청주에 살다보니 가로수 길에 대한 감각이 무디다. 주로 차를 타고 지나게 되어 감흥이 적은 탓도 있다. 걸어 다니는 게 일상이던 시절에는 가로수 길이 더 인기가 있었을 게다. 하기는 우리 산하가 푸르러진 것이 언제던가? 나라에서 식목일을 정하고 온 국민이 나무 심기에 힘쓰던 시절을 생각하면 격세지감이 든다.

1970년대 중반에 나는 공주와 청주 사이를 여러 번 걸어본 적이 있다. 청년기의 객기라 하겠지만 평소에 버스로 휘익 가는 길을 내

발로 걸으며 확인해 보고 싶었다. 그 백여 리 되는 길은 걷고 걸어도 그다지 줄어들지 않는 먼 길이었다. 청주로 들어올 때는 가로수 길에 접어들면 안도감이 일었다. 그때는 양방향으로 일 차선이었던 듯했는데 큰 차가 지나가면 무서웠다. 차도와 인도의 구분이 없어 아슬아슬하게 길 끝에 붙어서 걷던 생각이 난다.

세월과 함께 나이가 들어 이제 그런 먼 길을 걷겠다는 엄두가 나지 않는다. 차를 타고 스치듯 지나가는 가로수 길은 밋밋하다. 5분여 동안 운전하면서 라디오를 들으며 슬쩍슬쩍 눈길을 주고 가다보면 금방 주위의 풍경이 바뀐다. 육십 대 중반을 보내며 바라보는 가로수 길의 풍경은 계절마다 다르다. 그러고 보면 풍경 그 자체보다 바라보는 이의 마음상태가 더 영향을 주는 것 같다.

길고 추운 겨울을 보내고 봄을 기다리다 맞이하는 삼월 중순쯤의 가로수 길은 생명이 싹트고 소생의 기운이 넘쳐나는 것을 느낄 수 있다. 연둣빛 약한 잎들이 하루가 다르게 돋아 오르는 걸 보면 생명은 참 신비하다. 하루가 다르게 몸피를 불려가며 생명의 찬가를 부르듯 번져가는 연둣빛은 파스텔로 그림을 그려가고 무채색에 가까웠던 풀들마저 녹색을 보여주기 시작하면 활기찬 계절로 접어든다는 걸 온몸으로 실감한다.

젊었던 시절에는 보이지 않던 자연이 나이가 더해가며 조금씩 보인다. 예전이라고 왜 봄이 오면 푸른빛이 살아나지 않았을까? 해마다 크게 다르지 않은 모습으로 한자리에서 나를 대했으련만 이제야 내 눈과 마음을 사로잡아 흔드는 것은 자연으로 돌아갈 때가 가까웠다는 것이요, 사람 아닌 자연물로 내 마음의 폭이 확대되어 옮겨가고 있어 이제야 그들이 보이기 시작한 게다.

봄이 깊어 여름으로 조금씩 들어가면 연두가 녹색을 거쳐 짙어질수록 맹렬한 삶의 의지가 불타오른다. 때로 폭우가 퍼붓고 태풍이 몰아쳐도 잎들을 흔들며 맞서는 강인함을 보이다 횡포가 잦아들면 평온을 회복한다. 태양의 고도가 높아지고 이 땅이 더위에 헉헉댈 때에 가로수는 푸르고 강한 잎으로 햇살을 튕겨내며 오가는 이들에게 시원함을 선물한다. 그 싸움이 격렬할수록 나무는 용감한 전사가 되고 생의 절정기를 맞는다. 시련이 시련만은 아니다. 시련과 함께 자신이 성장하니 시련이 멈추면 성장도 그치는 것 아닐까?

가로수 길에서 내 삶을 볼 수 있는 또 다른 시기는 늦가을이다. 만추의 찬바람이 불면 도로를 관리하는 이들 발걸음이 바빠진다. 생을 달관한 듯 잎들은 모체에 더 이상 집착하지 않고 자신이 사라져야 할 순간에 땅으로의 짧은 여행을 감행한다. 그들이 가는 길은 어디일까. 부대에 담겨 소각장으로 가는가. 그곳이 어느 곳이든 관계하지 않는다. 한 해 할 일을 마쳤다는 홀가분함으로 자신들의 마지막을 인간들의 처분에 맡긴다.

스산한 바람에 휘날리며 쌓이는 낙엽들이 달리는 차바퀴에 눌릴 때에, 점점 가벼워져 가는 나무들의 몸피를 볼 때에, 내 의지를 꺾고 자연에 맡긴다는 의미가 무언가를 생각한다. 아침저녁이 다르게 허허로워지는 나무를 보며 무엇을 생각할 수 있는가. 언젠가 『담』이라는 그림 우화집을 보았던 것이 생각난다. 처음에는 열심히 담을 쌓으며 보람과 성취감을 느끼지만 어느 순간 자신이 그 담 안에 갇힌 것 같다는 감정에 휩싸인다. 그는 밖이 그리워지고 시원한 바람과 꽃과 사람들이 있는 밖을 동경하면서 그 담을 조금씩 헐어나간다.

점점 가벼워지는 나무들에서 생의 자유를 느낀다. 놓으니 홀가분하고 숨이 편해지며 주변이 보인다고 나무가 느낄 것 같지 않은가? 나이가 들어가며 노욕에 붙들릴 것이 아니라 자유를 누려보라고 한다. 무언가에 집착하며 놓아주지 않는 것은 확보가 아니라 구속일 수 있다. 울긋불긋 단풍으로 세상을 향한 마지막 봉사를 하면 그 다음에는 놓아주어야 한다. 잎들도 험한 세상을 떠나 어디론가 사라져 형체를 벗어나 긴 휴식에 들면 좋으리라.

잎들이 떠나간 나무들은 세찬 바람에도 크게 저항하지 않는다. 조금 가지를 흔들고 바람을 통과시키는 여유를 보인다. 그 오소소한 가지에 하늘의 하얀 선물들이 나풀거리며 날아와 쌓이면 아침햇살에 보석처럼 빛나는 설목(雪木)으로 선다. 콧등이 쨍하게 추운 날 눈발이 날리는 가로수 길을 지나면 인생의 매운 맛도 되새길 만한 추억이 될 수 있겠다는 묘한 상상을 한다. 사계절 나를 철학자로 만드는 가로수 길이 나는 그저 좋을 뿐이다.

Ⅱ.
이 땅의 정신적 지주들

- 청주제일교회를 보고
- 호기심의 대상 – 탑동 양관
- 천년고찰 보살사
- 담 없는 열린 절 – 동화사
- 충렬사에서
- 겨레의 큰 스승 – 손병희 생가
- 어려운 홀로살기 – 척화비
- 용두사지 철당간

▌청주제일교회를 보고

청주시 남문로 1가 154번지에 자리한 웅장한 외모를 가진 설립 120년을 바라보는 교회이다. 육거리 시장에 접해 땅을 많이 차지하고 있어 영향력도 클 것 같다. 미북장로교로부터 파송 받아 1892년 스물여섯에 이 땅에 온 다재다능하고 열정적인 청년 선교사 민노아는 이 나라 전역에서 사역을 하다가 청주에 매료되어 긴 세월 이곳에 열정을 쏟았다. 그와 몇 지역민이 1904년 한 초가에서 첫 예배를 드린 후 교인들이 늘어나자 이듬해 현재의 자리로 옮겼다.

한 교인이 세상을 떠나며 남긴 유지와 헌금을 씨앗으로 구입한 토지는 군사들이 머물렀던 진영이자 병인박해 때 천주교 신자들이 순교한 거룩한 땅이었다. 지금도 교회 입구에는 그 당시 순교한 천주교 신도들을 기리는 자리가 있어 들고나며, 찾는 이들로 옷깃을 여미고 생명과 영원의 의미를 되새기게 한다.

인간은 영·혼·육으로 이루어진 존재다. 초기 선교사들은 교회를 세워 영을 살리고 학교를 열어 혼을 키우고 병원을 설립해 육의 건전

(지역의 어머니 교회로서 큰일을 해온 청주제일교회의 모습)

성을 지키려 했다. 이 교회는 청주의 첫 번째 교회는 아니지만(신대교회에 이어 두 번째이다) 충북과 청주에 있는 교회의 어머니 역할을 묵묵히 실천해 왔다. 여러 교회들을 세워 많은 영을 소생케 했으며 특히 교육 사업에 역점을 두어 청남초교와 세광중·고교, 청신고등공민학교를 통해 수많은 인재들을 길러 지역과 나라에 공헌했다. 탑동에 소민병원이라는 청주시 최초의 근대식 병원을 짓고 교회 앞에 진료소를 두었다는데 이 교회가 주도적으로 한 것인지는 잘 모르겠다.

교회는 일제 강점기를 통해 민족정기를 고양하고 일제에 저항하며 지역민의 의식을 높이는 일에 심혈을 기울였다. 청남초교의 학생과 교사 중 여럿이 신사참배를 하지 않아 옥살이를 하고 학교는 1936년 휴교처분을 받기도 했다. 일제가 고려 때의 관청 건물인 망선루를 철거하려 하자 지역의 뜻있는 이들이 보존을 위한 이전운동을 전개했는데 그 일에 주도적으로 참여한 이들이 이 교회 지도급 인사들과 청년들이었다. 이 일은 경비와 노동력이 많이 요구되는 일로 공적 건물을 민간 주도로 지켜낸 기억할 만한 사건이었다. 마치 독립협회가 만민공동회를 열어 토론으로 의식을 고양시켰듯이 이 교회 청년회가 주축이 되어 수차례 토론회를 열어 지역민의 의식을 높였다.

  교회의 지역을 향한 역할은 지대한 것이었고 청주의 발전에도 큰 영향을 주었다. 그 활동으로 많은 이들이 희망을 보았고 교회를 찾았다. 청주의 기독청년회와 여자기독청년회 출발도 이 교회를 떠나 설명하기 어렵다. 교회는 해방 후에도 교육선교에 많은 힘을 쏟았다. 세광중·고교 설립과 야학 청신학교를 들 수 있는데 그를 통해 많은 인재들을 양성했다.

  청주제일교회는 교회의 신자를 늘이기 위해 역량을 다한다거나 크게 화려한 일들을 하는 것 같지는 않다. 위엄 있는 집안의 어머니처럼 요란하거나 야단스러움과는 일정 거리가 있다. 위엄이 있고 제때에 할 일과 할 말을 해서 나아갈 방향을 제시하듯이 그때그때 해야 할 일들을 감당해 왔다. 1960년대 이후에는 시대적 과제가 민주화라고 판단하고 그 일에 크게 매진해 왔다.

눈에 보이는 실제적 활동은 청년회에서 적극적으로 해왔다. 교회가 속한 교단의 방향도 그러했다. 지역의 민주화를 위해 무엇을 해야 할 것인가를 먼저 생각하고 행동했다. 교회 정문 입구에 이 교회출신 민주열사기념물이 그것을 보여준다 하겠다. 한때는 예배에 형사가 참여한다는 소문이 돌 정도로 시대의 첨단에서 깨어있는 기독인의 모습과 그 행동을 보여주었다.

청주 시내 복판에 오랫동안 자리 잡고 시의 확장과 여건의 변화에도 이전을 하지 않고 굳건하게 그 자리를 지키고 있다. 자리가 바뀌면 역사적 의미가 달라지기 때문일 게다. 변화한 시장 한쪽 편에 조금은 오만한 자세로 지역민과 함께하며 그들을 떠나지 않는다는 말을 침묵으로 하는 듯하다.

고딕식 이층 건물의 첨탑이 높지 않다. 소문으로 듣기에는 일제 때 건축과정에서 일제의 간섭으로 설계보다 아홉 자를 낮춰지었다고 한다. 시대가 달라졌다 해서 굳이 그것을 높이지 않는다. 외관을 통해서도 그 시절을 기억하며 고통과 치욕을 되풀이하지 말자는 고요 속 교훈일 것이다. 지난날 꽃밭이었던 곳이 시대를 반영하듯 주차장으로 바뀌어 있다. 누가 시대의 문화와 흐름을 거스를 수 있을까? 시대를 좇아 옷은 바꾸어 입을지라도 몸과 정신은 훼손당하지 않는 모습을 앞으로도 보여주길 바란다.

교회는 코로나19라는 전염병을 지역과 함께 겪으며 세상의 비난이 교회를 향해 거세어질 때에 "교회가 진심으로 죄송합니다"라는 펼침 막을 2층 높이로 달아 지역민들의 마음을 받아주고 위로했다. 지역과 함께하는 일면을 보여 준 것이다. 그것만으로도 지역민들은 자신들의 목소리를 교회가 무시하지 않는다는, 꽉 막힌 이들이 아니라는 위안을 충분히 받았을 것이다.

교회하면 먼저 생각나는 것이 무엇일까? 하나님을 생각하면 '피안의 세계, 죽어서 가는 천국'일지 모른다. 그것들은 교회를 드나들며 자주 보는 순교한 이들의 모습이 기억나게 하리라. 예수를 생각하면 이 땅의 사람들을 사랑해 생명을 주시고 마지막 피 한 방울까지 흘리셨으니 어떻게 이 땅과 사람들을 품고 주께로 인도할까를 궁리하리라. 성령을 생각하면 강력한 내적인 존재로서 요란하거나 눈에 띄지 않아도 바닷속 깊은 물줄기를 이끌듯 개인과 공동체를 견인하는 힘을 느끼리라. 그런 교회를 공동체 안에 소유한다는 것은 커다란 행복이다. 그런 교회가 바로 우리 곁의 청주제일교회다.

▌호기심의 대상 – 탑동 양관

청주의 동쪽에 위치한 상당구 탑동, 동쪽은 해가 뜨고 희망과 기대가 떠오르는 방향이다. 그곳에 맹학교가 있고 일신여중·고가 있다. 양관(洋館)은 모두 여섯 채라는데 그 중 네 곳이 일신학원 안에 있다. 여섯 채 중 다섯이 1910년을 전후하여 세워졌다. 민족의 아픈 역사 한일합방을 전후하여 어수선하던 때에 지어진 낯선 건물들을 당시 지역민들은 어떻게 보았을까? 조선 땅 그것도 중심이라기보다는 한참 한적했을 청주의 한쪽에서 서양 사람들은 무엇을 꿈꾸고 이루려 했을까? 그들을 우리 지역으로 보낸 힘은 무엇이며 그들로 해서 우리에게 달라진 것들은 무엇이었을까.

이 건물들 중 네 곳을 품고 있는 것이 일신학원이다. 일신학원은 기독교정신으로 설립되고 운영되는 곳이다. 내 아내가 졸업한 학교가 일신여중이고 누이가 가고 싶어 했으나 가지 못한 곳이 그곳이다. 나도 청주 유일의 기독교 사립 중학교인 세광중을 졸업하고 교회 일에 종사하고 있으니 관심이 많다. 최근에는 대학동기이며 청주에서

(여섯 채의 양관 중 하나로 현재는 신학원으로 사용 중이다.)

신실한 목회를 했던 동료가 그곳에 설치 운영되는 신학원 원장이라고 한다. 그는 충북의 초기 선교와 그 중심에 섰던 민노아 선교사 연구에 깊이 빠져 있는 것 같았다.

복음과 함께 평생을 헌신하며 살아가는 선교사들, 그들은 많은 경우에 파송된 지역을 중심으로 교회와 학교와 병원 사역을 펼쳐 나간다. 충북 선교의 아버지라 부르는 민노아 선교사 역시 다르지 않았는데 그분은 선교사역의 넓이와 깊이가 일반인들의 상상을 넘어섰던 모양이다. 선교지역도 넓고 활동도 대단해서 충북뿐 아니라 근현대의 한국선교 및 교회사를 다룰 때 빠뜨릴 수 없는 많은 일을 하신 분이다. 언뜻 듣기에는 지식의 폭도 넓고 추진력도 대단해서 우리 지역에서 살았던 20세기의 레오나르도 다빈치 같다는 생각을 한다.

양관의 여섯 채 건물은 선교사들의 주거와 성경학교, 병원으로 주로 사용되었던 것 같다. 건축을 위한 자재도 마음을 기울여 마련해서 어떤 것은 순교의 현장에서 가져오고 거리가 멀어도 이 땅에서 가장 좋은 것을 구해왔으며 일부는 현장에서 직접 제작하기도 했다고 한다. 지역 주민들과는 전혀 다른 환경과 문화에서 자라났으니 건물양식이 다를 수밖에 없었다. 그때까지 생소했을 다층건물에 붉은 벽돌을 사용하고 양변기를 설치했다. 화장실을 실내에 두고 벽난로를 방 안에 놓았을 때 당시 지역민들이 느꼈을 충격과 이질감이 어떠했을까 상상해 본다.

민노아 선교사는 1866년에 태어났다. 이 땅 조선에서는 병인양요가 일어나 혼란을 겪었던 해다. 하나님은 그 때에 민노아를 이 땅 특히나 충북과 청주를 위해 준비해 두었고 1892년 스물여섯 젊은 나이에 이 땅을 찾게 하신다. 그는 서울에서 9년여 활동을 했는데, 어쩌면 전국적인 활동을 서울에 기반을 두고 하지 않았을까 싶다. 그 후에 청주에 내려와 37년 동안 눈부신 활동을 한다. 여러 교회들을 세우고 찬송을 작곡하고 책을 저술한다. 그의 이야기와 친구의 활약을 곁에서 들으며 많은 생각을 했다. 같은 주의 종이라 해도 폭이 너무 다양하다. 잠깐 동안 혼돈에 빠졌지만 곧 벗어날 수 있었는데, 그분이 모두를 다르게 지으셨다는 생각을 통해서다. 누구와 비교하지 말고 자신으로 살면 족한 게다. 그분이 내 재능과 성격과 사고를 주신

분이요 내 능력의 한계를 정해 주신 분이니 나보다 나를 더 잘 아시는 분이다.

　문화와 습관은 무의식에 가까워 이성으로 이해가 되는 일도 몸이 받아들이지 못하는 것들이 적지 않다. 건축은 생활습관과 문화를 반영한다. 당시 주변 사람들이 양관 건물들을 보았다면 만나는 이들에게 자연스레 그 이야기를 했으리라. 그 안에는 부러움과 신기함과 놀라움이 혼합되어 있었을 것이다. 선교사들이 이 땅에 건너와 평범한 삶을 살았을 것 같지 않다. 각 분야에서 앞선 지식과 기술을 습득했을 테니 지역의 지도적 위치에 섰을 것이다.

　그들을 이 땅으로 오게 한 근본적인 힘은 무엇이었을까? 신앙의 힘이었다. 그들의 삶을 이끈 그분이 부르고 보낸 것이다. 어떤 이는 신앙적 양심으로 신사참배를 거부해 추방을 당하기도 하고 어떤 이는 이 땅에서 죽음을 맞이하고 이 땅에 묻혔다. 자신의 고향과 친구들과 친척들을 등지고 말도 다르고 풍경과 음식이 다른 곳으로 떠나온다는 것은 얼마나 대단한 결단인가? 그분들이 있었으므로 우리 지역이 보다 빠르게 근현대로 진입할 수 있었다. 한 번도 모습을 본 적 없고 직접 이야기를 듣거나 만난 일이 없지만 오늘의 내가 이 모습으로 살아가는 바탕의 일부를 만들어 준 분들이다.

　내가 이십 대 초반까지 살아온 곳이 양관과 그리 멀지 않다. 중학교를 다닐 때에는 그 가까운 곳을 거의 날마다 지나다녔다. 그래도 한 번 그곳에 들어가 보지 못했다. 집과 학교와 교회 같은 늘 다니는 곳이 아니면 가서는 안 되는 줄 알았다. 평소에 적지 않은 관심이 있었지만 들러보거나 자세히 살피지 못한 곳을 이제는 용기를 내어 가볼 수 있게 되었다. 내가 얼마나 소극적으로 살아가고 있는가를 다시 생각해 본다. 현장에서 한 걸음 떨어져 살아가는 변두리의 삶, 이제 가능한 아래로부터 용기를 끌어올려 조금씩 바꾸어가고 싶다.

내 지역 역사를 제대로 모르고 살아왔다는 것이 조금은 부끄럽다. 주변과 지인들에게 소문을 내 많은 이들이 과거를 돌아볼 수 있도록 하면 좋겠다. 시 차원에서도 신경을 쓰고 특히 기독교 관련 기관에서 체계적으로 정리하고 홍보할 수 있다면 주민들의 의식 속에 초기 기독교의 활약상을 알릴 수 있는 좋은 통로가 될 것 같다. 이십세기 초반, 청주의 동쪽에서 환한 빛이 비치고 있었다.

▋ 천년고찰 보살사

(오랜 역사가 느껴지는 보살사의 극락보전과 명부전)

상당구 용암동에 신라 진흥왕 때 지어졌다고 하는 청주 근교에서 가장 오래된 절이 있다. 보살사(菩薩寺)다. '보살'을 부처의 가르침을 따르는 재가 여신도 정도로만 생각했었는데 사전을 찾아보니 '이상적인 대승불교의 수행자상'부터 시작해 고승을 높여 부르는 말, 머리를 깎지 않고 절에서 사는 여신도까지 그 뜻이 다양하다. 보살사라는 명칭이 절 이름으로 특이한지 여러 곳에서 사용하는 것 같지는 않다. 절은 세월이 오래되면서 여러 번 고쳐 지은 것 같다. 천오백 년 가까운 세월이 쌓였는데 어찌 그렇지 않으랴. 경내에 한 풍경을 이루고 있는 나무들의 크기와 굵기가 세월의 두께를 보여주고 있다.

오래된 절이니 당연히 많은 문화재가 있으리라. 절을 이루는 건물들도 길고 긴 세월을 견뎌내고 보호받아야 할 문화재들이 되었으리라. 보살사는 내 저 멀고 깊은 기억 속에 담겨 있었다. 초등학교 어느 때던가 소풍으로 간 곳이 그 곳이었다. 지금도 그렇지만 그 어린 시절에 지역과 공간에 대한 어떤 지식을 가질 수 있었을까? 내 무식함이 살고 있는 지역의 천년 고찰을 자동차 길안내장치의 도움을 받지 않고서는 찾지 못하니 참으로 딱하다. 다른 면에도 내세울 것이 없지만 길 찾기에는 더더욱 불쌍하다 할 수준이어서 청주에 오래 살고 있음을 잘 드러내지 못한다.

반백 년이 훨씬 더 지났으니 객관적 기억보다는 주관성이 크겠지만 당시에는 굉장히 큰 절이었다는 인상이 남아있는데 막상 찾아가 보니 그리 큰 규모가 아니다. 절을 이루고 있는 건축물도 그리 많지 않고 사람들을 주눅 들게 하는 규모가 아니다. 경내에는 안내 표지들이 여럿 있다. 극락보전 명부전 삼성각 같은 건물들과 탑과 부처와 탱화들이 자리하고 있고 문화재로 보호받고 있는가 보다. 절의 역사와 전통을 고려하면 더 알려지고 많은 사람이 찾아와 삶을 돌아보고 마음의 안정을 찾아도 좋겠다는 생각을 한다.

이 땅 사람들에게 불교가, 아니 사찰이 어떤 역할을 과거에 해왔고 현재에 하고 있고 미래에 할 수 있는가를 짚어보려다 한순간에 내가 할 수 있는 일이 아님을 느꼈다. 그런 주제에 관해 많은 시간을 들여 애써 노력하는 분들이 계실 것이고 뜻을 가진 많은 이들이 노심초사하고 있으리라. 어느 종교와 신앙인들 고민 없이 앞으로 나아가고 인류에 공헌할 수 있을까? 역사가 가르쳐주는 교훈만 받는다고 해도 적지 않으리라. 잘나갈 때 경계하지 않으면 곧 어려움을 당한다는 것은 여러 번 실제로 겪어온 일들이다.

가사를 걸친 이들이 자주 보인다. 절에서 그들을 만나는 것은 너무도 당연한 일 아닌가. 독경소리가 사찰 경내를 채우고 무슨 볼일이 있는지 평상복장을 한 이들도 더러 눈에 들어온다. 어떤 분이 내게 일러주어서 알게 된 것인데 절에는 신도들이 능동성이 있는 것 같다. 다른 종교의 신도들이 더 열성적이고 적극성을 띠는 것 같지만 신앙의 모습에 있어서는 그렇지 않은가 보다.

참여하는 이들의 자발성이 두드러진다고 할까, 선택과 이행의 여유와 의지를 엿볼 수 있지 않나 생각한다. 제대로 알지 못해서 오해인지 모르지만 참여부터 자유로움이 있는 것 같다. 선택의 여지가 없으면 책임을 물을 수도 없다. 모두가 일사천리로 행하는 예식보다는 더 많이 생각하고 스스로 결정하고 이행하는 면이 어느 종교, 신앙에서건 많아질 수 있기를 기대한다.

한쪽으로 눈을 돌리니 수능 100일, 수능기도를 접수한다는 현수

막이 보인다. 순간 생각이 많아진다. 옆으로 눈에 띄는 삼성각도 예사로 보이지 않는다. 종교가 기복을 온전히 배제할 수는 없지만 때로 너무 노골적으로 드러내는 것은 아닌가 싶다. 불교의 근본정신에서 본다면 수능을 어떻게 연관 지을 수 있을까. 집착을 끊고 윤회의 고리에서 벗어나 해탈을 하자는 것인데 집착과 윤회에 더 가까운 일을 부추기는 것은 아닌가 싶다.

그렇게 따지고 들면 어느 종교가 자유로울 수 있을까? 인간의 영혼들은 피안의 세계를 갈구하지만 우리의 몸은 이 땅에 발 딛고 있음을 모르지 않는다. 이 땅의 것을 조금이라도 더 확보하고 싶고 남들보다 더 낫고 편하게 살고 싶은 욕망을 깡그리 무시할 수야 있을까? 그렇다고 해도 때로는 종교가 지나치게 세상적인 욕망과 논리를 좇아가고 있다는 느낌이 들 때가 있다.

인류의 등장과 함께 인간은 두려움과 불안을 느끼고 그것에서 벗어나기 위해 무엇인가에 의존해 왔다. 그것을 종교의 출발이라 하면 너무 소박한 것인가? 해결하기 어려운 근원적인 인간의 문제를 정면으로 끌어안고 고민한 이들이 인류에 한줄기 빛을 선사해 주었다. 인간다움이라는 것이 단순한 생존의 단계를 넘어 근본적인 문제를 고민하고 갈등하고 흔들리며 조금씩 앞으로 나아가는 것 아닐까. 인간에게 던져지는 문제는 끝이 없고 인간의 응전도 비례해서 넓고 깊어져 왔다. 그 중에 가장 근원적 접근이 종교가 아닐까?

깊어가는 가을 날, 한줄기 바람이 우수수 나뭇잎들을 날린다. 나무들은 몸을 가벼이 하고 잎들은 땅으로 돌아온다. 절 마당에 독경소리 차고 하늘은 푸르다. 어린 시절 기억은 아물거리고 추억 속 꼬마는 육십 중반을 지나고 있다. 생각 깊어지는 가을에 어디론가 떠나는 이들이 우주와 인생에 대해서 자신과 대화를 나누면 좋겠다. 역사는 천여 년이 흐르고 절집은 수차례 다시 지어져도 스치는 바람은 여전히 사람들에게 말을 걸어온다. 굵은 밑동은 오랜 세월을 보여주고 하늘 향해 높이 솟은 가지들은 이 땅에 매몰되지 말라는 전언을 들려준다. 파란 하늘을 배경으로 창공에 뜬 빨간 감들이 무척이나 곱다.

▌담 없는 열린 절 - 동화사

　동화초등학교가 있다. 동화 같은 이름이다. 초등학교는 동네 명칭을 따라 이름 짓는 일이 흔하니 그곳이 동화리인가 했는데 도로명은 척산화당로, 지번명은 화당리다. 한동안 살펴보니 가까이에 문동리가 있다. 문동리와 화당리에서 한자씩 땄을 것이란 추측을 해본다. 동화사라는 절도 있어 도로를 지나다 한두 번 절 앞에 멈추었었다. 도로가에 지어진 작은 절, 안내판이 있었지만 자세히 읽지 않았다. 스치듯 읽기는 고개가 한쪽으로 기울어진 부처를 모셨단다.
　인터넷을 검색하다 우연히 본 내용은 그 절이 천년사찰일 수 있다는 것이었다. 구전되는 이야기인지 절 측의 주장인지 모르겠다. 신라 어느 시점에 지어졌는데 다른 곳과 크게 다를 것 같지 않은 이런저런 과정을 거쳐 임진왜란 때 완전 소실된 것을 300여 년 전에 성씨 가문에서 다시 세우고 매몰된 불상을 찾아내 대웅전에 봉안했단다. 1949년에 중수했다니 벌써 70여 년의 세월이 훌쩍 지났다. 여기까지는 서론이고 내 흥미를 끈 것은 따로 있다.

절이라고 하면 크고 깊은 산속에 자리를 잡고 일주문을 지나 사천왕상이 있었다. 도심과 격리된 경치 좋은 곳에 여러 채의 건물이 있고 종사하는 이들 여럿에 늘 독경소리가 울려 퍼지는 광경을 생각해왔다. 그 여러 예상들을 단번에 깨뜨린 것이 동화사다. 길가에 울도 담도 없이 동그마니 자리 잡았다. 도시로 내려온 절들은 포교에 목적을 두고 마치 교회 같은 활동을 하는 듯하다. 그들도, 심지어 교회들도 자물쇠를 거는 일이 많다. 사람들이 많이 찾지 않는 스쳐가는 곳이라 할 수도 있지만 입지와 형태를 일반적이지 않게 느끼는 것은 나 혼자만이 아닐 것이다.

오랜 역사를 가졌다고 하면서 임진왜란을 겪었다는데 세워진 건물이 대웅전과 요사채 뿐이다. 꼭 필요한 두 채뿐, 달리 말하면 뼈대 둘만 있다고 할까, 오히려 그것이 좋아 보인다. 필요에 따라 지어지고 소유하는 건물들이겠지만 덕지덕지 들러붙은 욕심 덩어리처럼 보이는 것이 하나도 없고 꼭 필요한 부처를 모신 곳과 그를 받드는 이가 머무는 집, 그걸로 끝이라는 것이 불교의 근본정신에 가까울 수 있겠다는 판단이다.

모셔놓은 부처가 유실되고 매몰되었던 것이라니 부처도 고난을 겪는가 보다. 임진란과 연관되어 구전되는 부처와 관련된 이야기가 있었다. 어디까지 사실인지 확인할 수는 없지만 잘린 목을 다시 붙이는 과정에서 고개가 비뚤어졌다고 한다. 동그란 눈에 조화롭지 못한 눈동자도 특징이란다. 일상의 정격을 깨는 것이 개성이다. 모두와 다르지 않다면 구태여 하나를 더할 의미가 있을까? 남과 다르다는 것은 잘못되었다는 것이 아니라 독특함과 개별성을 지닌 것이다. 기억한다는 것은 차이를 안다는 것이고 불균형과 부조화는 기억을 강화시킨다고 한다. 동화사 같은 사찰이 현대에 더 어울리는 형태라고 할 수 있지 않을까? 그곳에는 삼층석탑이 하나 있다. 고려 초기에 세워졌을 것으로 짐작하는 별다른 장식과 무늬가 없는 수수하고 단아한 탑이다.

 탑은 부처의 진신사리를 모신 무덤이라 할 수 있는데 전 세계적으로 널리 퍼진 탑들을 볼 때 그 모든 곳에 부처의 진신사리가 있을 리는 없을 게다. 시대의 흐름에 따라 탑 자체의 아름다움에 절의 정취를 표현하는 방편이었을 테니 신자들의 신심을 나타내는 건축물의 역할을 해왔을 것이다. 수수하고 장식 없이 세워진 탑도 본래의 의도나 형식과는 조금 다르다. 최소화된 정갈한 절제미를 보여준다고 생각한다.

 절의 전면에 큰 개울이 지나가고 있고 개울은 들판으로 이어지는 것이 아니라 높은 산과 이어져 절벽과 닿아 있다. 볼만한 경관이다. 그 절벽처럼 가파른 곳 여기저기에 부처를 만들어 봉안하고 때로는 촛불을 켜둔 것을 볼 수 있었다. 바위 같은 절벽이어서 화재의 염려는 없어보였다. 그래도 왠지 소박하고 조촐한 모습에서 받은 느낌이 일시에 깨어지는 것 같다. 그 자연이 빚은 모습에 아무 것도 더하지 않는 것이 예의이자 동화사의 모습에 더 부합하지 않을까 사색해 보앉다.

　정성을 다하는 신도의 신심에 무언가 가시적인 것을 드러내 보여주고 싶었을 것이다. 절에서, 직무를 행하는 이가 아무 것도 하지 않는다는 인상을 주는 것도 견디기 어려울 게다. 선택이야 당사자들 몫이다. 다만 아쉬움이 남는다. 초파일을 전후해 그곳을 지나다 본 것은 길게 이어진 연등이었다. 오늘을 사는 이들이 고민도 많고 바람도 많은 것을 누가 모를까? 일 년에 한 번 등을 달아 그 무게를 조금이라도 줄일 수 있다면, 그 부담에서 단 하루라도 자유로울 수 있다면 의미 있는 일이라 하겠다.

　근래에 그곳을 지나며 보니 가까운 곳에 큰 공사를 하는가 보다. 절과 관련된 공사가 아니었으면 좋겠다는 마음이다. 때로는 발전이요 번영이라고 부르는 것이 그 반대일 수도 있다는 생각을 한다. 모두가 크고 많아지려 애쓰는 때에는 작아지고 적어지는 것에도 깊은 의미가 있다. 큰 눈을 뜨고 보면 현대인들이 지향하는 곳이 방향을 잘못 짚은 것일 수 있다는 게다. 무리 속에 섞여 경쟁하다 보면 놓칠 수 있는 것을 눈과 귀를 한동안 가리고 마음의 소리에 귀를 기울이다 보면 들을 수 있지 않으려나.

　동화사가 깊은 산으로 들어가지 않고 담을 두르지도 말고 번창한다고 건물을 더 많이 짓지도 않고 수수한 모습으로 욕심을 버리고 살아가는 것을 상징적으로 보여주듯 단출하게 언제까지나 그렇게 남아 주기를 기대한다.

▮ 충렬사에서

　충렬사(忠烈祠)는 임진왜란 때 동래성을 사수하다 순절한 동래부사 천곡(泉谷) 송상현(宋象賢)의 위패를 모신 사당이다. 동래에 있던 무덤을 이장한 후 충절을 후세에 전하기 위해 건립했다. 청주시에서 천곡 기념관과 사당을 신축하여 위패를 모시게 되자, 후손들이 송상현 부인의 혼백을 모시는 사당으로 삼아 제향하고 있단다. 이곳 명칭 수의동(守儀洞)은 '사람의 행동거지를 지켜가는 마을'이지만 강상촌으로 불리기도 하는데, 강의 위쪽이 아니라 삼강오상(三綱五常)을 상징해 송상현과 그 처첩들의 행실과 연관 지은 걸로 보인다.

　도로가에 충렬사 입간판이 있고 범상치 않은 건축물이 눈에 띈다. 도처에 있는 사당 중 하나같은 것이겠지, 문중들이 살만하니 조상을 드러내고 자신들의 세를 과시하는 것이겠거니 생각했었다. 언젠가 임진왜란 중에 성을 지키다가 순절한 대단한 분의 사당이니 꼭 가보라는 조언을 들었지만 미루어 왔었다.

　왜 각 나라들은 국력이 강성해지면 그들의 내부에서 의미 있게 살기보다 이웃나라들을 침략해 영향력을 늘리려 했을까. 뜻을 이루어도 지배층만 야욕을 채울 뿐, 수많은 사람들이 죽고 부상당해 삶이 무너지는 것을 누가 모르랴. 칭기즈 칸, 알렉산더를 비롯해 많은 이들이 그렇게 살았다. 후세 사람들은 그 시대를 나라의 전성기, 영광의 시기로 생각하는 것 같다. 이런 사고가 20세기 양차 대전을 부르고 인류 역사를 부끄럽게 만들었다. 현재는 모습을 바꾸어 경제와 문화의 형태로 세력을 떨치고 그 가장 두드러지는 부분이 국경을 초월하는 기업과 운동경기와 대중문화라고 생각한다. 인류사를 일별하면 그리 유쾌하지 않고, 인류가 만물의 영장이라는 말이 허허롭게 다가올 뿐이다.

충렬사는 짐작과 달리 꽤 넓은 곳에 사당과 묘역과 기념관이 세워져 있다. 먼저 눈에 띄는 것이 두 손으로 소중히 위패를 모시고 있는 것 같은 석조 조형물이다. 그 표면에 "군신의중부모은경(君臣義重父母恩輕)"이란 문구가 새겨져 있다. '임금과 신하 사이의 의는 무겁고 부모로부터 받은 은혜는 가볍다'는 의미일 텐데, 어찌 그 경중을 따지고 비교할 수 있으랴. 서구식 시각으로 보면 국가에 대한 의무보다 가족에게로 향하는 정이 더 가깝고, 자신에 대한 삶의 애착이 가장 강하다 하겠다. 하지만 고위관리로서 그의 자세가 얼마나 귀한가? 사적(私的) 영역보다 공(公)을 앞세우고 자신을 희생해 나라와 민족을 구하려는 그 마음이 숭고하다.

역사의 흐름이 '공동체에서 개인으로' 나아간다. 그것이 합리적이고 순리라는 생각을 한다. 그래도 오늘의 모습이 한쪽으로 치우쳐 있다는 염려를 하지 않을 수 없다. 핵을 포기하기는커녕, 이제는 세계를 위협하는 북의 세력과 그들을 지지하는 중국과 러시아, 믿기 어렵지만 무시할 수도 없는 일본이 이웃이다. 자국의 이익을 떨치기 어려운 미국에 의지할 수밖에 없는 처지이니 우리에게 더욱 요구되는 부분이 공동체를 지키는 것이라 하겠다. 선조들은 효를 '백행지본(百行之本)'이라 했으니 효가 모든 행동의 뿌리였다. 효를 넘어서 목숨 버려 충을 보이는 실행하기 어려운 행동을 천곡 송상현은 보여 주었다.

송상현의 의기(義氣)를 보여주는 장면이 있다. 임진란 초기에 왜적은 부산진성을 함락시키고 파죽지세로 동래읍성에 도달하여 남문 밖에 목패(木牌)를 세운다. 목패에는 '전즉전의 부전즉가도(戰則戰矣 不戰則假道)' 곧 싸우고 싶으면 싸우고 그렇지 않으면 길을 비키라는 문구가 적혀 있었다. 임진왜란의 명분을 정명가도(征明假道)라 했던 그들의 변명을 생각나게 하는, 여기서 시간을 허비하고 싶지 않으니 항복해 목숨을 부지하고 길을 내라는 요구다. 송상현은 전세가 극히 불리함을 알고도 싸워 죽기는 쉬우나 길을 내주기는 어렵다는 유명한 구절을 내걸고 결사항전으로 맞서다 장렬하게 죽는다. 이러한 죽음에 적장이 장례를 지내주고 병사들에게 그 사실을 교훈했다고 한다.

송상현은 개성에서 태어나고 서울에서 자라 청주와 직접적 인연은 없다. 다만 성주 이씨 부인의 외가가 청주여서 이곳에 묘소를 마련한 것 같다. 전란 중에 동래성 바깥에 임시로 묻었다가 1595년 아들이 조정에 아뢰어 이곳으로 옮겼다. 성주 이씨는 임진란 직전 시조모와 시부의 거듭된 상을 치르고 남편의 유해를 자신의 외가 터전으로 옮겨오는 데 주된 역할을 했다. 송상현의 순절은 1594년 경상우병사 김응서가 그의 장렬한 순절 사실을 조정에 보고해 알려졌다. 이에 이조판서를 증직하고 정문을 세우게 하고 이듬해 왜란의 수중에 있던 동래에서 지금의 자리로 묘를 옮겨오란 특지를 내린다.

송상현의 유필(遺筆)로 추정되는 필사본인 『천곡수필집(泉谷手筆集)』이 전해진다. 개인적인 처신과 정치 및 학문에 관한 사항들을 당시 여러 선생에게 묻고 답한 것을 기록한 책이다.

충렬사를 돌아보니 문무를 겸비하고 부끄럽지 않게 살다 간 천곡 송상현이 그립다. 그처럼 살겠다고 말할 순 없지만 양심과 상식에 부끄럽게 살지는 않으려 재삼 다짐한다.

▎겨레의 큰 스승 - 손병희 생가

청원구 북이면에는 의암(義菴) 손병희(孫秉熙) 선생의 생가가 있다. 생가라 해서 한 백여 평 땅에 집 한 채 있겠거니 예상했는데 만 평이 훨씬 넘는 드넓은 대지 위에 사면을 두른 나무들이 있고 잘 관리된 풀밭 생가 기념관 영당 팔각정 유허비 동상 같은 건물과 시설물이 자리하고 있었다. 소파(小波) 방정환(方定煥)이 의암의 사위였다는 것을 이번에 새롭게 알게 되었다.

(의암 손병희 선생의 유허지 모습, 넓은 대지 위에 여러 채 건물들이 있다.)

곁길로 새는 것 같지만 의암의 이름을 생각한다. 손(孫: 자손), 병(秉: 잡다, 지키다), 희(熙: 빛나다, 흥성하다). "자손을 지켜 빛나게 하다." 그의 일생을 요약한 것 같지 않은가? 그에게 동학의 2대 교주인 최시형이 내려 준 도호(道號)가 의암(義菴)이라 한다. '의로운 초막'이니 그의 삶과 인격을 꿰뚫어 본 듯하다. 청주에서 오래 살아온 사람으로 그가 청주에서 태어나고 자랐다는 것에 일종의 자부심을 느낀다.

의암을 종교지도자, 저술가, 교육자, 독립운동가 등 여러 가지로 부른다. 그를 한마디로 소개한다면 어떻게 칭할까. 민족지도자라 할 수 있지 않을까? 그의 가슴속에서 민족이 떠난 적은 없는 듯하다. 그가 소개된 어느 곳을 보니 어려서부터, 약하고 불우한 이들을 돕는 마음이 있었다고 한다. 열두 살 때, 심부름으로 관청에 공금을 납부하러 가다가 그 돈을 눈길에 쓰러진 사람을 돕는 데 사용하고, 옥에 갇힌 친구 부친의 석방을 위해 자신의 집에 돈이 있던 위치를 알려주었다고 한다. 인격이 갖추어졌다는 것이다. 그것이 교육이나 수양의 결과인지 그렇게 태어난 것인지는 모르겠다.

의암은 1861년에 청주에서 출생했는데 국가적으로 어수선한 시기였다. 22세가 되던 1882년 조카의 권유로 동학에 입도한다. 3년 만에 최시형을 만나 착실한 신도가 되고 그에게 성실한 생활태도와 지략적 역량을 인정받는다. 삶의 자세가 바르고 영민하다는 것을 알 수 있다. 지도자의 기본적인 소양을 갖춘 것이다. 동학 내에서 그 활동을 인정받고 동학농민전쟁에서 북접의 지도자로 수만의 신도들을 이끈다.

　1897년에 37세의 젊은이로 동학의 3대 교주가 되어 '척양척왜' '보국안민'을 내세우며 민족적 운동을 펼쳐나간다. 삼십 대의 젊음으로 수만의 신도를 이끌고 겪어야 했던 갑오동학농민전쟁에서 의암은 무엇을 느꼈을까? 그들은 나라와 민족을 지키려 했는데 관군에게 공격을 받고, 물리치려 했던 왜군에게 오히려 관군의 편에 서도록 빌미를 주었다. 대의만으로는 현실을 뒤집을 수 없고 불붙는 의기도 인적 물적 후원이 지속되지 않고는 힘을 쓸 수 없다는 것을 몸으로 깨달았을 것이다.

　그는 실력이 중요함을 깨닫고 동학의 젊은이들을 유학 보내고 여러 학교와 교육기관을 인수하여 교육에 힘을 쏟았다. 정부와 일제의 핍박과 동료의 배신으로 교단이 어려워지자 성미제(誠米制)를 도출하고 교세확장에 힘을 기울인다. 조국이 일본에 병합되고 민족이 전 방위적인 어려움에 처하자 독립운동에 힘을 모은다. 세계적인 흐름이 민족의 자결에 있고 우리 민족의 염원을 세계에 알릴 필요가 있다고 느끼자 일본에서 유학생 중심 독립운동을 주도하고 조국의 거대한 독립만세운동인 3.1운동을 이끌어낸다.

　3.1만세운동에 그의 안목과 추진력이 얼마나 지대했는가는 민족 대표의 구성만 봐도 알 수 있다. 천도교 15, 기독교 16, 불교 2명으로 이루어졌는데 천도교 대표가 많은 것이 그의 영향력 때문일 게다. 또한 청주 출신 인사가 5명이나 되는데 그것도 그와 무관하지 않을

것이다. 민족대표의 거사에 그의 영향이 절대적이었다. 한마디로 자신의 종교 테두리에 갇히지 않고 당시의 여러 분야 지도자들을 끌어안을 수 있는 품이 넓은 인물이었다.

　교육과 출판을 통한 민족계몽과 사회활동에도 많은 힘을 기울였다. 방정환이 그의 사위였다는 사실이 당시 사회의 전 방위적인 면에 걸쳐 그가 가졌던 의식의 한 면을 보여주는 것 같다. 만세운동 후에 다른 이들에게 피해가 가는 것을 막기 위해 일경에 자진해 신고하고 체포당한다. 그 일로 3년 형을 받고 서대문형무소에서 2년을 복역한 후에 뇌출혈로 가출옥하지만 1922년 5월에 죽음을 맞는다. 그는 조국의 암흑한 시기에 하늘이 이 땅에 보내준 능력자였다.

　의암 손병희 선생의 유허지이자 생가를 보면서 그래도 마음 한편이 편안한 것은 건물들과 자리한 곳이 구차하지 않아서다. 그분이 애써 이루려 했던 것들의 일부가 성취된 조국에서 사는 후손들이 그분에게 보답하는 최소한의 예의를 지킨 듯한 푸근함이다. 수많은 이들이 이 초록별에 태어나고 다시 우주로 돌아간다. 대부분의 사람들은 세월이 흐르면 아무런 자취도 남지 않는다. 길지 않은 세월을 살다가는 이곳에 삶의 족적이 분명한 이들을 본다.

　본인들이 살았던 시대에 끼쳤던 영향력보다 이 땅을 떠나고 지속적으로 더 큰 그림자를 드리우고 후손들을 그 그늘에 살게 하는 이들이 있다. 장군이나 정치가가 되어서 많은 땅을 차지하고 막강한 권력을 차지하는 것은 내게는 관심이 없다. 그런 분들은 차라리 이 땅에서 조용히 사라져 주었으면 좋겠다. 권력과 군사력 재력으로 자신의 힘을 과시하려는 이들은 일차원적인 생존을 위해 투쟁하는 속물냄새가 물씬 나는 이들인 것만 같다.

    자신을 벗어나 적어도 지역을 기억하고 민족과 인류를 마음에 품고 힘없는 이들에게 희망과 용기를 주는 따뜻한 사람들이 그립다. 내 사는 곳 가까이에 그런 이들이 살고 있다면 얼마나 기대가 될까? 의암 손병희 선생이 그런 분이 아니었나 생각한다. 그분이 청주에서 나고 자랐다는 것이 자랑스럽다.

어려운 홀로살기 – 척화비

(중앙공원 망선루 옆, 구석에 서 있는 대원군 척화비)

중앙공원에 가면 한쪽 구석에 안정감은 있지만 머리가 깨진 모양으로 앉은 듯 서 있는 비석이 있다. 척화비다. 흥선 대원군이 1871년쯤 서양세력의 침입을 막기 위해 세운 비석이다. 양이침범(洋夷侵犯) 비전즉화(非戰則和) 주화매국(主和賣國)이라는 열두 글자가 새겨져 있었다. '서양 오랑캐가 쳐들어오면 싸우지 않으면 강화를 맺는 것인데, 강화를 주장하는 것은 나라를 팔아먹는 것이다'라는 뜻이다. 전국에 세웠으니 나라 문을 걸어 잠근다는 선언이다.

이런 선언 이전에 병인양요와 신미양요가 있었고 그들을 물리쳤다고 하는 데 정신승리 같은 면이 있다. 물론 정세를 판단하고 나라의 앞날을 걱정하는 이들 중에는 개화를 주장하며 문을 열어야 한다는 이들도 적지 않았을 것이다. 그런 이들이 없고 모두의 생각이 같다면 척화비를 세울 이유가 없었으리라. 나라가 뒤숭숭하던 시기였다. 세계의 정세가 식민지 시대로 가고 있었고 서세동점의 시기였다. 지금에서 생각해보아도 어떤 선택이 옳았을지 애매하다.

대원군의 아들 고종이 왕비에게서 첫아들을 낳았다. 왕위 계승의 최적임자, 적장자인 셈이다. 왕궁과 백성들이 기뻐할 사이도 없이 나흘 만에 죽는다. 그런데 사인이 특이하다. 음식을 먹으면 배출을 해야 하는데 그 항문이 없어서 죽음을 맞는다. 척화비를 세우는 것과 같은 해인 1871년의 일이다. 전후관계는 모르지만 계시적인 면이 있다고 볼 수도 있겠다. 문을 닫고는 살 수 없다. 밖과 통해야 건강한 것이다.

일본은 그보다 조금 일찍 미국에 의해 문을 열어야 했고 더 빨리 세계와 동화될 수 있었다. 우리도 1876년에 병자수호조약을 일본과 맺음으로 강제로 문을 열 수밖에 없었다. 인간이 사회적인 동물이라서 혼자 살 수 없다고 하는데 나라도 크게 다르지 않을 게다. 타국의 간섭 없이 편안히 산다고 하면 국방력을 비롯한 대외협상력이 약해져 어느 한순간에 무너질지 모른다.

전국의 척화비는 1882년 임오군란을 겪으면서 철거된다고 한다.

다른 곳은 잘 모르나 청주의 척화비는 독특하고 비극적인 사연을 간직하고 있다. 흥선 대원군의 명으로 세워지고 외세의 요청으로 철거를 겪는데 누가 어떤 경로로 가져갔는지 어느 집 앞의 하수구 뚜껑으로 사용되고 있었다고 한다. 철거당한 지 백 년 가까이 흘러 생각지 못한 모습으로 발견되어 중앙공원에 놓여 있다.

험하게 다루어져 비석의 윗부분에 있던 양(洋) 자와 즉(則) 자가 사라졌다. 어찌 보면 두 번째 삶을 사는 것도 같다. 다시 발견된 지도 벌써 50년이 다 되어 간다. 척화비가 세워지던 때처럼 양자 선택의 일들은 오늘날도 이어지고 있다. 시험의 난이도는 수험생의 수준에 따라 달라지니 선택은 항상 어렵다.

공원 한구석에 무념무상으로 앉은 듯 서있는 비석을 보러 간 날 비가 내리고 있었다. 하루 이틀이 아니겠지만 오는 비를 쫄딱 맞고 서 있는 모습이 처량했다. 척화비와 이웃해 고려시대 목조건물인 망선루가 서 있는데 척화비와는 비교할 수 없는 크기다. 망선루도 사연이 없지 않지만 더 오랜 세월을 더 약한 건축 재료로 버티어 냈다. 척화비가 더욱 민망할 것만 같다.

나라도 운명이 있듯이 사물들도 그러한가 보다. 사람들도 크게 다르지 않다. 여건이 좋다고 잘되는 것이 아니다. 예상할 수 없는 일들이 도처에 기다리고 있다가 바람처럼 달려들어 일상을 깨뜨려 놓는다. 눈에 잘 띄고 관심을 받는다고 그런 일이 생기지 않는 것도 아니다. 온 국민의 사랑과 관심을 받아오던 숭례문도 한순간에 불에 탔고

속리산 정이품송도 형체가 많이 일그러졌다. 누구도 나는 그런 일과 무관하다고 할 수 없다.

무생물은 생명이 없는가? 너무 당연한 질문이지만 답은 어떻게 보는가에 따라 다르다. 행과 불행을 당하고 다른 존재에 영향을 끼치고 역사성을 가지고 있다면 어떻게 생명이 없다고 할 수 있을까? 서로 함께 모여 세월이 흐르고 조건이 맞아 돌이 되었고 어느 석수에 의해 발견되어 분리를 거쳐 몸에 글씨가 새겨졌다. 한동안 부여된 일을 하다가 또 다른 국면을 맞아 백여 년을 지내고 새롭게 발견되어 장소를 옮겨 뭇사람의 눈길을 받으며 오십여 년을 지내왔다면 살아 있는 생명을 가진 존재라 한들 아니라 할 수 있을까?

모체에서 잘리어 분리되던 아픔을 간직하고 자신의 뜻과는 관계없이 몸이 끌에 파이는 고통을 겪는다. 알지 못하는 곳으로 옮겨와 한 곳을 지키는 순간순간이 어렵고 힘겨운 시기였다. 그것은 시작에 지나지 않았다. 수채에 박혀 백 년 가까운 세월을 잊혀 살 줄을 비석은 예상도 못했으리라. 산전수전 다 겪었다는 말을 척화비는 이제 이해할 게다.

삶에서 자신의 뜻대로 되지 않는 순간도 적지 않다. 그것이 운명이라면 받아들여야 한다. 낮과 밤, 밀물과 썰물이 번갈아 오듯이 한 번의 서글픔으로 끝나는 것도 아니다. 생명이 있는 동안 수없이 갈마드는 그 순간들을 어떻게 맞이할 것인가? 의지와 선택권을 가진 존재로서 책임 있는 선택을 하여야 하리라.

오늘의 모습이 초라하다 해서 주눅들 것도 아니고, 보기 좋다 해서 우쭐할 일도 아니다. 기회는 또 다시 찾아오고 각 개인의 존재가치가 같지 않다. 그때마다 자신의 처지에서 최선이라 믿는 것을 고를 일이다. 시대의 흐름이요 문화 속에 영향을 주고받으며 살아가는 게다. 혼자 문 닫아 걸고 산속에서 도 닦듯 사는 것이 아니라 서로 영향을 주고받으며 사는 것이 삶이라고 척화비가 빗속에서 온몸을 적시며 내게 말하고 있는 것 같다.

▍용두사지 철당간

　떠내려가는 배를 머물게 하려는 닻으로 내려진 지 천여 년의 세월이 흘러 이제 배는 세월 속에 퇴적되어 언덕이 되고 분지가 되고 한 도시가 되었다. 물 맑은 고장, 내 사는 청주가 그곳이다. 이 고장 한가운데, 그 옛날 성안에 있었다는 큰 절에 행사가 있음을 알리던 깃발을 걸던 곳이다. 그곳에 깃발이 걸리면 고장의 눈과 귀가 모였다. 어디서나 눈을 들어 바라볼 수 있던 높다란 쇠장대는 국보가 되고 수시로 시민들이 찾아가는 명소가 되었다. 한때 지역의 정신적 심장으로 시민들을 이끌던 곳, 이제는 건물도 흔적도 기록도 사라지고 당간지주만 남아 지난날의 영화와 오늘의 쓸쓸함을 전해주는 곳이다.
　전설처럼 전해지는 이야기로는 청주가 떠내려가는 배의 형상이란다. 그래서 홍수 피해가 많으니 배에 닻을 내려 안전을 도모할 필요가 있었단다. 청주의 옛 이름에 주성(舟城)이라는 이칭이 있고 주성초 주성중 주성고가 있으니 그럴 듯도 하다. 성안에 큰 절이 있었고 그 이름이 용두사(龍頭寺)였단다. 인터넷을 검색해 보니 청주 사직동에

(성안의 중심 가까이 자리했었을 용두사지 당간지주)

용두산이 있다. 전국적으로는 용두산도 많고 용두사도 한두 곳이 아닌듯하다.

불교의 세계관에서 용을 중시하는가 보다. 용 가운데서도 머리[頭] 부분이니 신성하게 여겼을 것 같다. 절의 위치와 이름만 보아도 어느 정도의 규모와 위상을 갖고 있었을까를 짐작하게 한다. 절이 융성했을 때, 행사가 있어 당간지주에 깃발이 걸렸을 때, 지역민들의 술렁거림이 귀에 들리는 듯하다. 당간지주에 새겨진 연대가 962년(고려 광종 13년)이라 한다. 918년에 왕건이 고려를 건국하고 936년 들어서야 후삼국을 통일한다. 태조 왕건이 943년에 죽고 광종이 그

해에 왕위를 잇고 958년에 과거제를 실시한다.

　나라가 서서히 기틀을 잡아가고, 혼란의 시절을 지나 나라에서 권장하는 신앙으로 백성들 마음이 차분히 가라앉아 가던 시기일 것이다. 불교를 나라의 이념으로 삼고 국태민안(國泰民安)을 기원했을 시대상이 보인다. 당시 백성들에게 불교가 어떤 의미로 다가왔을까? 천 년이 더 지난 지금도 불교의 교리와 가르침을 분명히 알기 어려운데 그 시절 어떤 가치로 받아들여졌을까?

　나라의 높은 이들에게는 국태민안이 거의 모든 것이었을 것이다. 나라가 태평하고 백성이 편안하면 그에서 더 바랄 것이 무엇인가? 서민들은 가정이 평안하고 뿌린 대로 거두어 때를 거르지 않고 부른 배 두드리며 따듯한 방에서 살면 족하다고 하지 않았을까? 고대로 올라갈수록 부족들 힘의 균형이 수시로 흔들리고 힘이 있다 싶으면 다른 족속들 땅과 재산을 노리기 바빴으니 생활이 얼마나 불안정했으랴.

　어느 부족이나 나라가 어느 때인들 부국강병을 꿈꾸지 않았을까. 태조가 국가의 힘으로 밀어붙이고 관리들이 동조하고 교계는 반기며 사찰과 부대시설 늘리고 행사 준비에 눈코 뜰 새 없었을 게다. 국가는 백성들 마음 결집에 초점이 있고 백성들은 늘 달리는 일손과 관리들 발호, 외부세력의 침략과 그에 따른 불안에 수시로 시달렸을 것이다.

　백성들은 사찰들이 늘어나고 부대시설들이 들어설 때 어떤 마음이었을까? 절들이 세워지면 왕실에서 경비를 지원하고 세금을 면제하며 노비들을 지원해 주었을 것이다. 국가와 왕실의 평안을 위해 법회를 열고 기원을 하라고 부탁을 하려니 그들을 지원하지 않을 수 없다. 왕실에서 후원을 한다고 백성들과 무관한 것은 아니다. 그 재정이 어디서 나오겠는가? 결국은 백성들에게서 징수하는 것이요 절의 공사에 부역을 해야 하는 이들이 백성들이다. 게다가 행사에 동원되는 것 또한 그들이니 웬만한 신심 아니고는 쉽지 않았을 것이다.

조선으로 나라가 바뀌고 유교로 국가의 통치이념이 이동되면서 백성들의 부담이 줄고 본래의 신심이 조금 더 회복되지 않았을까 싶기도 하다. 이제는 사찰로 향하던 지원과 부역이 서원과 향교로 향하게 되었다. 햇살과 폭우가 휘몰아치듯 나라의 이념이 이동할 때마다 아무 것도 정해놓지 말고 저마다 좋은 것을 택하라는 것이 낫겠다는 이들도 적지 않았을 테고 그로 인한 불만을 토로하는 이들도 있었을 것이다.

불교의 전성기가 지나고 사찰의 흥성함이 쇠하여 갈 때, 용두사에는 순수한 신심에 의지하는 이들이 하나둘 생겨났을 게다. 휘날리는 깃발이 어디서나 보이고 누구나 알고 있는 그곳이 약속 장소, 만남의 광장도 되었으리라. 힘을 가진 장소가 아니라 서민들이 찾아가는 곳, 안부 묻고 몇 마디 이야기 나누고 부담 없이 헤어질 수 있는 곳으로 용두사지 철당간 만한 곳이 없었을 게다.

청주에 사는 이들이 주머니가 비었어도 약속을 잡을 수 있는 곳이 당간지주가 서 있는 곳이었을 게다. 누구나 알고 있고 사람들이 흥성

거려 그곳에 있어도 자연스러운 곳이다. 이 지역의 위상이 이러했다는 것을 외지인에게 보여주고 자랑할 수 있는 국보가 용두사지 당간지주다. 예전에야 부와 권력의 상징으로 중요한 인물임을 성안에 사는 것으로 보여줄 수 있었겠지만 이제는 공동화(空洞化)와 도심의 이전으로 낮과 밤이 같지 않은 곳이 되었다. 그래도 한낮에는 지역의 상징적인 공간으로 많은 이들이 모이고 있다. 파리에 가면 오르세 미술관에 가듯 청주에서는 당간지주 앞에 서 보아야 한다.

III.
이 땅 시민들의 휴식처

- 도심 속 휴식처 - 상당산성
- 김수녕 양궁장과 주변 숲
- 명암지의 추억
- 목련공원
- 가덕 코스모스 길
- 권력자의 남쪽 별장 - 청남대
- 안기고픈 숲 나라 - 미동산 수목원
- 뒷산 휴식처 - 부모산
- 집념으로 일군 기념비, 학천당

도심 속 휴식처 - 상당산성

　공남문 앞 잔디밭, 눈이 시원하다. 깊어가는 가을에 시민들이 한때를 즐기고 있다. 놀이 도구가 없어도 즐거운 아이들, 자녀들 모습에 마냥 흐뭇하고 무언가 끊임없이 도란대는 어른들, 한창 꿈에 부풀어 있는 연인 같은 이들도 눈에 띈다. 완연한 관광지요 휴식공간이다. 처음 산성을 쌓고 허물어진 것을 보수할 때는 위험한 세월을 준비하는 수성(守城)과 대피(待避)의 장소였겠지만 이제는 삶의 묵은 먼지를 털어내고 활력을 얻는 재충전의 공간이다.

　어느 곳을 찾으나 무엇을 하든 따라오는 역사적인 설명들, 그게 싫다. 들어도 읽어도 오래 기억 속에 머물지 않고 대단한 의미도 있는 것 같지 않다. 요즘은 진화한 전자기기의 도움으로 언제든지 필요한 것들을 찾아볼 수 있으니 기억할 일이 없을 것 같아도 때로 아쉬운 순간들이 있다. 이제는 식상한 말이 되었지만 '아는 만큼 보인다고 하고 본만큼 안다'고 하지 않던가.

　내 자신이 명품인생은 아니라고 생각한다. 어설픈 것이 너무 많고

(상당산성 정문격인 공남문을 약간 비껴 찍었다.)

체질적으로 약한 곳이 많으니 심신이 강하지 못한 B급 인생이라 여긴다. 자연히 열등감이 많았다. 어찌 보면 강대국에 둘러싸인 우리 민족도 그러했을 테고 별로 내세울 게 없는 충북과 청주의 나라 안 위상도 크게 다르지 않을 듯하다.

산책길을 따라 오르막을 걸어 오르면 청주가 한눈에 들어오는 광경을 만난다. 군대와 짧은 기간을 제외하면 내 삶의 모든 시기를 살아온 곳이다. 밤마다 몸을 누이고 아침이면 일어나 하루같이 살아온 공간이다. 아무 흔적 없이 있는 듯 없는 듯 지내온 세월들, 무색무취하게 살아온 나날들에 별 후회는 없다. 성의 둘레 길은 구불대고 오르내리기를 반복하며 이어진다. 십리 남짓 되는 길, 이 고장에서 산 날이 적지 않으니 이곳도 여러 무리와 함께 수차례 찾았었다.

숲으로 난 좁은 길을 따라 들면 솔바람 소리가 마음속을 파고든다. 바람소리도 계절에 따라 다가오는 느낌이 다르다. 봄에는 뭔가 희망이 다가오는 것 같고 깊어가는 가을에는 쓸쓸하고 아쉽다. 활엽수의 퇴락한 넓은 잎들이 우수수 땅으로 내려앉으면 갑자기 한 해의 많은 날들이 떠나가 버린 현실을 자각하게 된다. 숲속에서 듣는 바람 소리는 어린 시절 추억을 불러낸다. 홀로 있던 막막한 시간들, 어울리기 어려웠던 성격과 재능들이 나를 주눅 들게 하고 십 대의 시절을 우울하게 보내게 했다.

숲속 쉼터에 앉아 사람들이 이야기를 나눈다. 고민은 털어놓으면 반 이상 해결된 것이라는 믿음을 나는 가지고 있다. 하기야 웬만한 사이가 아니고서는 서로의 고민을 털어놓거나 들어주기가 쉽지 않을 게다. 자주 만나는 이들도 겉도는 이야기만을 나누다 헤어지는 일이 얼마나 많은가? 함께 있다한들, 고독한 개인 여럿이 모여 있는 것과 무엇이 다른가?

종교와 체질 탓에 술을 전혀 하지 않지만 한때 술의 영향력을 곰곰이 생각해 본 적이 있다. 우리 사회에서 체면과 이성의 껍질을 벗기에 그만한 것도 찾기 어려울 것 같았다. 적당히만 할 수 있다면 효용성이 크겠지만 누가 술 앞에 자제력이 무너지지 않는다고 장담할 수 있을까? 깊은 대화가 통할 수 있는 친구가 그립다. 그러한 스승이 그립다. 한낮과 아침저녁의 일교차가 커져간다. 햇살이 옅어지고 철 따라 찾아오는 감기가 걱정이다.

발밑에 수북한 낙엽들이 무언가 내게 할 말이 있는 듯하고 날렵한 다람쥐는 가을날이 마냥 즐거운 듯 통통 튀듯이 달려간다. 그들의 겨울 양식인 도토리가 자주 눈에 들어온다. 백제시대에 토성으로 만들어졌다가 여러 번 개축을 하고 조선 숙종 때라던가 돌로 다시 쌓았을 거란다. 절실한 필요를 따라 많은 이들이 동원되어 이루어냈을 일들, 이제는 많은 이들이 찾아와 쉼을 얻고 삶을 돌아보는 휴식처가 되었다.

청주에 몇 개의 성이 있지만 주민들이 그곳에 거주하며 생활을 하는 곳은 그리 많지 않은 듯하다. 상당산성에는 산성마을이 있고 출입구 주변으로 많은 음식점들이 성업 중이다. 동료들과 혹은 독서회원들과 함께 찾았을 때와 달리 혼자서는 음식점에 들어갈 용기가 나지 않는다. 함께 아니면 잘 찾지 않던 곳들을 자동차와 길 안내 기기를 힘입어 혼자서도 가끔 찾게 된다. 어울리지 않고 혼자 살기에 점차 편리한 세상이 되고 있다. 인간은 사회적 동물이라는데 함께 어울려 인간이 되는 것인데 사람들과 멀어지고 동물과 사물과 가까워지게 하려는 것이 세상의 전략인가 보다.

늦가을 산성은 많은 것을 생각하게 한다. '네 인생도 이제 늦가을이야' 이 말에 나는 강력히 저항한다. 여름을 보냈다고 여기지 않고 내 삶에 반환점을 돈 적이 없다고 느낀다. 산 정상에 올랐다 내려오는 것이 아니라 계속 정상을 향해 오르다 어느 지점에서 쓰러져 삶을 마치고 싶다. 잎이 무성하고 열매가 익어가고 붉고 누렇게 색이 변하는 다양함을 겪지 않았으니 여름으로 들어가는 초입에 사는 것이라고 여긴다. 가끔은 내가 단조로운 상록수가 아닐까도 생각할 때가 있긴 하지만….

　내 살아가는 곳에, 반 시간 정도면 찾아와 안길 수 있고 자신과 많은 이야기를 나눌 수 있는 휴식공간이 있다는 것이 행복하다. 어딘가는 도심 한가운데에 아주 넓은 숲이 있다고 한다. 그곳은 항상 인파로 붐비고 많은 공개된 일들이 이루어진다. 산당산성이 그렇게까지는 아니라고 해도 청주시민들에게 열린 공간으로, 사색하고 자연을 접하여 순한 성정을 생각나게 하는 곳으로 언제까지나 남아있어 제 역할을 해주었으면 좋겠다. 참으로 행복한 오후였다.

▌김수녕 양궁장과 주변 숲

김수녕, 청주 사람들이 자랑스럽게 기억하는 이름이다. 국토의 중앙부에 위치해 있으면서도 많은 면에서 변두리에 머물던 충북과 청주 사람들에게 자긍심을 심어주었다. 청주에서 초·중·고교를 다니고 졸업했다. 고등학교 시절에 혜성처럼 양궁계에 나타나 여러 번 올림픽을 제패하고 세계대회에서 금메달을 획득했다. 그녀는 신궁이라 불렸고 그 업적을 기리기 위해 용정동 숲속에 양궁장을 건립했다. 많은 시민들이 그곳을 찾아 그녀를 기억하고 신선한 공기를 마시며 건강을 다지고 삶의 활력을 얻는다.

양궁장은 낙가산 한쪽에 자리하고 있다. 양궁장에서 바라본 산 쪽은 우거진 숲이다. 숲속에 들어앉은 듯 아늑하고 상쾌하다. 숲이 인간들에게 선물하는 것은 무엇일까? 어쩌면 푸르름이 상징하는 생명과, 상처를 입어도 다시 회복하는 재생력이 아닐까. 숲에서 풀과 나무들을 대하며 지친 이들은 새 힘을 얻는다. 산에서 불어오는 시원한 바람과 새 소리는 사람들을 편안하게 하고 몸과 마음을 안정시킨다.

양궁장이 들어설 때에는 청주의 시민들을 위한 체육활동과 가족들 나들이에 적합한 시설이 많이 부족했다.

양궁장은 그 자체만이 아니라 바닥에 깔린 잔디와 타원형으로 조성된 걷고 뛸 수 있는 시설이 갖추어져 있다. 누구에게나 열려있어 운동을 즐기는 이들에게 숨통을 틔워 준다. 그 시절 전국적으로 서민들의 운동으로 족구가 인기였었다. 가난한 소시민으로 주변에 비슷한 처지의 동료들과 함께 족구에 심취해 있던 시절이어서 이곳을 자주 찾았었다. 몸과 마음의 피로와 삶의 고달픔을 동료들과 만나 몸으로 부딪치며 한때나마 해소할 수 있었다.

많은 이들이 그러하듯이 함께 모이면 편을 나눠 경기를 하고 자주 내기를 했다. 지는 편이 목욕료를 내는 것이었는데 목욕만 하고 헤어지기가 아쉬우면 밥을 먹었다. 자연스레 목욕료를 한 편이 내면 밥값은 상대편이 지불하니 이기나 지나 큰 차이는 없었다. 서로 추억이 쌓이고 정을 나누는 자리였다. 당시에 삼사십 대의 동료들이 이제 모두 육십 대를 넘기고 칠십 대가 되어 있는 이들도 적지 않다. 지칠 줄 모르고 뛰고 달리던 이들도 몸조심하는 나이가 된 것이다. 김수녕 선수를 신궁이라 부르며 환호하던 것이 벌써 삼십여 년 전이라는 것이 실감나지 않는 현실이다.

갈수록 건강을 염려하는 이들이 늘어난다. 왜 그렇지 않으랴. 양궁장이 건립될 때만 하여도 환갑이면 서운치 않은 세월을 살았다고 여겼고 칠십이면 그런대로 장수했다고 하던 때였다. 신체의 기능이 그리 쇠하기 전에 많은 이들이 삶을 마감했다. 여러 가지 혜택으로 이제는 환갑에 생을 마감하면 너무 일찍 삶이 끝난 것이요 구십을 살아도 장수했다고 말하기 애매하다. 수명이 그만큼 길어졌다고 할 수 있는데 이제 노년의 건강이 사회문제로 드러나고 있다.

장수가 그리 반갑다고만 할 수 없는 것이 삶의 질을 생각하기 때문이다. 자신의 두 발로 이동하고 삶을 유지할 수 있어야 본인도 살아있음이 즐겁고 주변 사람들에게 폐가 되지 않는다. 이런 삶에 필요한 것이 숲이 있는 여유로운 공간이며 함께할 수 있는 사람들이다. 도시의 숲을 허파에 비유하는데 숨을 쉴 수 있는 여유 공간이라는 뜻일 것이다.

도심에서 멀지 않은 곳에 언제든지 찾아가 자연을 즐기고 사색하며 터벅터벅 걸을 수 있는 곳이 있다는 것은 축복이다. 언젠가 사는 곳 근처에서 흙을 밟을 수 있는 길을 생각해 보았다. 산을 오르는 숲길을 제외하고는 찾기 어려웠다. 현대인이 얼마나 자연에서 멀어져 살고 있는가를 돌아보게 한다. 인간은 자연에서 멀어질수록 순수성을 잃는 것이 아닌가 생각한다. 삭막한 사회와 인간관계가 현대인을 자연으로 돌아가라고 하는지 모른다.

진정한 시골을 찾기 어렵다. 어디나 아스팔트로 포장이 되어 있고 콘크리트 속에 둘러싸여 살아간다. 차가 빠르게 달리는 곳을 시골이라 할 수 있을까. 시골을, 고향을 마음의 안식처라 한다면 많은 이들이 이미 잃어버린 지 오랜 것은 아닐까. 논두렁 밭두렁 구불구불하고 시냇물 졸졸 흐르는 곳을 찾아보기 어려운 것이 오늘의 각박한 현실이 되었다.

한동안 많은 도시인들이 시골에 사는 것을 동경하며 도시에서 며칠 시골서 며칠을 외쳤다. 자연으로 향하는 몸과 마음의 갈구가 컸던 것이다. 그러한 바람과 달리 현실은 그리 녹록지 못하다. 그러니 주말이라도 집을 나서면 쉽게 찾아갈 수 있는 도심 속 숲 공간들이 많이 조성되기를 바란다. 우정과 사랑을 쌓기 위해 숲을 찾고 자연을 찾는 사고방식이 당연한 것으로 일상화되었으면 좋겠다. 산을 파헤쳐 공장을 지을 것이 아니라 복개했던 하천을 복원하듯이 산과 녹지를 되살리는 일이 일어났으면 좋겠다.

호수가 있는 곳에는 많은 위락시설이 들어서고 음식점이 빼곡하다. 물이 많은 곳에 사람들이 몰리는 것처럼, 산바람 불어오고 새소리 들리고 파란 하늘에 흰 구름 흘러가는 것을 볼 수 있는 곳으로 현대인들이 몰려들면 좋겠다. 모처럼 함께 만난 친구들이 영화관이나 카페에서 시간을 보내는 것도 의미 있지만 대자연 속에서 건강을 다지고 하늘과 바람과 별과 시를 이야기하면 그것도 괜찮은 시간이라 하겠다. 양궁장을 거닐고 주변의 낙가산 흙길을 오르고 내릴 수 있는 그곳으로 마음 맞는 이들을 초대하여 한때를 함께하는 것은 얼마나 즐겁고 멋진 추억이 될 것인가. 그러한 공간이 김수녕 양궁장이란 이름으로 우리 곁에 있다는 것이 삶의 지복이라 느끼지 않는가?

▎명암지의 추억

　청주에서 초등학교를 다녔던 이들은 명암지로 소풍을 갔던 추억 하나쯤은 모두 간직하고 살아갈 것이다. 나는 초중고를 모두 청주에서 다녔으니 그런 추억이 많다. 내가 초등학교를 다니던 때가 1960년대 후반이니 소풍이라 해도 별것이 없었다. 아니 내가 기억하지 못할 뿐 사람에 따라 추억이 다를 수 있겠다. 난 적극적 성격이 아니고 잘하는 것이 없었으니 기억에 남을 만한 것이 없다. 소풍을 가서도 어울리지 못하고 쭈뼛대며 한구석에서 어릿어릿 시간을 보내고 해산 신호와 함께 별 할 일 없는 집으로 돌아왔을 것이다.
　그때에는 명암지가 무척이나 커보여서 마치 내륙의 바다 같았다. 저수지를 막고 있던 둑도 넓고 커 보였다. 둑 아래로는 어떤 시설도 없어서 비스듬한 잔디 비탈로 떠오른다. 당시에도 오리 배 몇 척이 있었는지 가물가물하다. 세월과 함께 자연스레 기억에 오류가 생기고 수정이 되지 않으면 오류가 사실처럼 굳어지는데 명암지에 대한 내 추억이 그렇다. 보살사로도 여러 번 소풍을 갔는데 그 위치조차 기억나지 않는다.

　1980년이던가, 청주에 많은 비가 내렸다. 낮부터 내린 비가 밤까지 이어지고 전기가 나갔다. 사방이 환했을 때는 덜 무서웠는데 밤이 되고 깜깜하니 두려움이 배가 되었다. 그 밤에 어린 내가 느낀 불안도 상당했겠지만 가정을 책임져야 하는 어른들의 막막함은 헤아리기 어려웠을 게다. 그 밤에 입에서 입으로 전해오는 말이 명암방죽이 언제 터질지 모른다는 것이었다. 다행히 비가 그쳤는지 방죽은 넘치지 않았고 동네에 큰 피해는 없었다.

　그때는 관심을 끄는 일이 많지 않아서 홍수나면 하천에 물 내려가는 것도 구경거리였다. 홍수가 진 이튿날이었던지 다리는 무너지고 급한 물살에 옷가지와 나무가 쓸려 내려오고 돼지 한 마리도 물에 둥둥 떠내려가고 있었다. 한참 물을 바라보고 있으니 눈앞이 빙빙 돌고 물 따라 내가 내려가는 듯했다. 물이 무섭다는 것을 그때 처음 알았다.

　재작년인가 명암지 근처의 음식점에서 점심을 하자는 약속이 있어 가본 그 호수는 어릴 때 보았던 것과는 많이 달랐다. 크기도 감탄을 자아낼 만큼 크지 않았고 저수량도 그리 많지 않았다. 식당가가 들어서서인지 비탈진 잔디 경사는 아예 없었다. 어린 시절의 추억 하나가 지워져 나가는 느낌이었다. 호수 주변의 길은 넓어지고 박물관을 비롯해 우암 어린이회관 동물원으로 이어지는 어린이들을 위한 시설들이 많이 자리하고 있다.

　명암지 가장자리에 명암타워로 불리는 건물이 보인다. 어떤 건축가의 작품인지 비대칭에 불안한 모양으로 한 번 보면 기억에 남을 형상이다. 일정 지역을 대표하는 건물 역할을 해낼 수 있을 것 같다. 하지만 실익은 크지 않은지 어떻게 사용할 것인가를 두고 설왕설래가 있었다.

저수지는 농사를 짓던 시절에 더없이 필요한 시설이었다. 김제 벽골제 제천 의림지 밀양 수산제가 기억 속에 어렴풋 남아있는 것을 보면 저수지의 중요도와 위상을 알만 할 듯하다. 이제는 그런 실용성보다는 주민들의 휴식처로 더 알려져 있다. 농사가 현대인의 주력 산업이 아니라 역사의 전면에서 얼마큼 밀려나 있다. 돌아보면 의연히 제자리를 지키며 현대인을 맞이하고 있는 곳이 호수요 저수지다.

청주에 살면서 몇 번은 명암지를 가보았음직한데 오리 배를 타본 기억이 없다. 어렸을 때에는 부모님에게 그런 여유가 없었나 보다. 가족의 생존을 책임지기에 바쁘고 급급하셨다. 부모님과 어느 한 날 놀러 다녔던 기억이 없다. 청주에서 내가 이리저리로 소풍을 갔듯 어른들도 가볼 만한 곳이 더러 있었을 테고 부모님도 한두 가지 모임에는 참여하셨을 텐데 나를 데려간 기억이 없고 오리 배에 올라보지 못했다. 낭만과 여유가 있을 것 같은데 나는 물을 두려워해서 시도하지 못하고 있다.

비오는 날 명암지를 바라본 적이 있다. 뽀얀 물안개가 피어오르고 수면 위로 내리는 빗줄기가 운치 있게 여겨졌다. 자연은 어느 계절 어떤 모습도 아름답다. 봄날 따사로운 햇살 속에 연녹색의 잎들이 보여주는 멋진 장면에 더하여 여기저기 붉게 물들이는 진달래 무리가 환상적인 수채화를 그리고 있었다. 여름은 여름대로 가을은 붉게 물든 단풍으로 옷 입히고 다시 그 산 풍경을 호수에 옮겨 놓은 장면은 풍경 중에 압권이다.

눈 내리는 겨울의 명암지를 보지 못했다. 겨울의 모습도 봄가을에 뒤지지 않는 걸작이리라. 하늘은 흐리고 수면조차 무채색일 때 겨울 찬바람이 얼굴을 할퀴고 내리는 눈이 시야를 가린다. 코를 훌쩍이며 시퍼렇게 된 얼굴로 호숫가를 거닐면 정신이 삽상해지고, 추웠던 과거가 기억 속에 되살아날 것만 같다. 나를 정신 나게 하는 것은 여름의 나른함보다 겨울의 차가움이다. 눈 내리는 겨울날, 명암지를 찾아 보아야겠다.

겨울 명암지에 가면 춥고 추운 시대를 살다간 부모님과 그 시대 사람들을 만날 수 있으리라. 투정부리듯 현실을 불평해 온 내 생활이 몹시도 추웠던 예전의 삶과 비교하면 더없이 안락하고 편한 것임을 알게 될 것 같다.

명암지 어디에선가 가만히 물을 바라보면 다른 곳을 마음껏 다니지 못하는 갇힌 물의 애절한 호소가 들려올 듯도 하다. "나도 바다로 가고 싶다. 내 친구들을 만나고 주변을 깨끗이 씻어주고 싶다. 이제 더 이상 오리 배나 띄우고 있고 싶지 않다." 물은 흘러야 하고 사람도 날마다 달라져야 할 것 같다. 명암지가 내게 해주고 싶은 말도 날마다 긍정적으로 변하라 하는 것일 게다.

▎목련공원

　세상을 떠난 이들이 묻혀있거나 봉안되어 있는 상당구 월오동에 자리한 묘지공원이다. 하늘로 가는 이들이 나날이 늘어나니 확장을 해도 얼마 안 가 여유가 사라지고 또 확장해야 하는 형편이다. 지역에 공원이 많지 않아 청주가 낯선 이들은 목련공원이 묘지공원인지 잘 모른다. 어떤 연인들이 데이트 장소를 그곳으로 정한 적 있다는 이야기를 들었다. 풍광도 아름답고 삶과 죽음을 아우르는 인생전반을 생각할 수 있으니 나름 괜찮을 수 있겠다고 느꼈지만 실제는 어땠을지 걱정 반 궁금함 반이었다.

　자리한 동네 이름이 월오동(月午洞)이다. 월(月)은 달 혹은 신체를 나타내고 오(午)는 열 십(十) 부수에 사람 인(人)을 한자의 윗부분에 기록할 때 쓰는 형태다. 신체 곧 몸인데 사람이 열린 상태, 어찌 보면 망자를 일컫는 표현 같지 않은가? 열 십(十)의 의미가 크게 숫자 열인데 많다 꽉 찬 완성의 의미로, 새로운 것을 향해 문을 여는 것으로 확장할 수 있을 게다. 옛사람들은 죽음을 한 인간의 완성으로 새로운 세상으로 가는 문으로 보았던 것 같다. 또는 오(午)의 원 의미가 절굿 공이였다고 하니 신체와 절구를 생각하면 화장 후의 과정이 생각나 기도 한다. 이는 한자를 대하는 지극히 주관적인 내 상상일 뿐이다. 내 초등학교 시절 그곳에서 다니는 친구들이 있어 익숙하게 들어온 지명으로는 월오리라 불렀다.

  목련공원에 앞서 가덕공원묘지가 있었다. 매장을 주로 했던 곳으로 기억한다. 그곳에는 아는 분들이 많지 않은데 목련 공원에는 친분이 있는 이들과 친인척 되는 분들이 적지 않게 모셔져 있다. 저 세상에 가는데 순서가 있겠는가만 노년이 되어 돌아가신다면 지인 부모님들이 세상을 뜨는 연배가 되었다. 그래선지 더 자주 목련공원을 찾는다. 망자께로 향하는 엄숙함의 예로 검은 옷을 입는다. 검고 흰 무채색의 행렬이다. 어디서나 슬픔과 진지함이 느껴진다. 망자에게 예의를 표하고 산 자들끼리 행하는 정중동의 모습이 장례식장의 풍경이다. 서로 예의를 갖춘 헤어짐이 있어야 마음에 미진함이 없다.

  망자를 보내는 절차는 시간이 멈춘 듯 기다림의 연속이다. 정작 중요한 순간은 기다림이 길기만 한데 무엇에 그리 바쁜 것인가를 돌아본다. 현대인들은 시간을 잘게 나누고 빠르게 이동하며 분주함 속에 많은 긴장감을 갖고 살아간다. 여유가 있었던 옛사람들에 비해 동동거리며 사는 현대인들이 더 많은 것들을 이루며 더 의미 있는 삶을 사는가? 내 보기에 별로 그런 것 같지 않다.

  마지막 화장의 순간을 기억하면 어떨까? 어떤 이도 크게 다르지 않다. 빈부와 귀천과 미추를 가리지 않고 공평해서 일정한 시간이 지나면 얼마간의 흔적으로 남고 유골함에 담기는 양도 비슷할 것 같다. 봉안하는 공간에 모시고 사진 한 장 붙이면 차이를 느끼기 어렵다. 모든 죽음에 사연과 슬픔이 있듯 모든 이들에게 고유한 가치와 존재 이유가 있다. 이 땅에 머무는 길지 않은 세월, 척지고 얼굴 붉히며 살 이유가 없다. 긴 인류의 역사 속에 같은 시대 같은 지역에서 은원(恩怨)을 떠나 서로 알고 얽혀 산다는 것이 얼마나 대단한 일인가.

얼마 전, 지나는 길에 목련공원에 들러 아는 분의 매장지를 찾으려 했다가 끝내 못 찾고 허탕 친 일이 있다. 한편으로 무심함에 그분께 미안했다. 언제인지 모르나 나도 그들이 간 길을 따라가야 한다. 흔적 없이 이 땅을 다녀가 자녀들의 자녀들을 지나면 나를 기억하는 이 흔치 않으리라. 이곳에 오면 이 땅을 사는 안목이 조금은 넓어지는 것 같다. 대단해 보이던 슬픔도 기쁨도 마음을 내려놓고 대할 수 있을 것 같다. 때로 내 기쁨이 남에게는 슬픔이 될 수 있고, 슬픔이 기쁨이 될 수 있다는 것을 깨닫는다. 남에게 뿐일까. 전화위복(轉禍爲福)이요 새옹지마(塞翁之馬)라 하지 않던가. 인생을 길게 볼 일이다.

울긋불긋 화려한 꽃들이 놓인 무덤들을 바라본다. 대부분이 시들지 않는 조화(造花)다. 시들지 않으니 좋은 것인가, 나쁜 것인가? 썩지 않는 비닐이 생태계에 큰 문제가 되고 있다. 늘 같은 모습으로 변화가 없고 사라지지 않으면 애틋함과 슬픔이 없다. 피어나는 순간은 짧고 덧없이 사라지니 더 사랑스럽고 애달픈 것 아닌가. 한세상을 산

지혜로운 사람들은 가고 새 세상을 살아갈 어린 생명들이 태어나 이어 살아가는 곳이 이 땅이다.

우리 문화는 망자를 높이면서도 멀리했다. 마을 햇볕 잘 드는 곳에 모시고 시절 따라 좋은 것들, 처음 난 것들을 먼저 드렸지만 생활공간에서 멀리 두고자 했다. 서양인들은 그들이 자주 들르는 성당 지하에 성인들을 모시고 뜰에 망자들 무덤을 썼다. 산 자와 죽은 이들이 한 공간에 머물고 삶 속에 죽음을 생각했다. 두 형태의 우열이나 호불호를 가리는 것은 의미가 없다. 서로의 차이요 다름이다. 그것이 다양성이요 서로를 이해하고 존중함이다.

죽음이 멀리 있다 생각하다가 어느 순간 곁에 있고 내 안에 들어와 있음을 느낀다. 죽음을 나와 무관하다 밀쳐놓을 것이 아니다. 한없이 산다면 시간이 아깝지 않고 교만하거나 나태에 빠지기 쉽다. 죽음을 생각할 때, 삶이 언제 멈출지 모른다는 것을 인정할 때, 겸손할 수 있고 내게 주어진 시간을 아끼며 의미 있게 살아갈 수 있다. 봄을 보낸 것 같지 않은데 귀뚜라미와 고추잠자리가 이미 가을이라고 시절을 알린다. 햇빛이 순해지고 삽상한 바람이 불면 한때 이 땅을 살다 간 분들이 쉬고 있는 그곳에서 그분들과 말 없는 대화로 인생을 깊이 생각해 보리라.

▌가덕 코스모스 길

    청주에서 효촌 삼거리를 지나 상대리를 거쳐 가덕으로 가는 동네 길에는 가을바람 따라 한들거리는 코스모스가 지천으로 피어나는 곳이 있다. 공식 명칭은 무엇인지 모르나 나는 그 길을 가덕 코스모스 길이라 부른다. 가을이면 그 길을 따라 대청호 마라톤이 열린다. 그 꽃 자체가 가을 한철이 제격이지만 봄부터 씨를 뿌리고 가꾸는 것이 아닌가 한다.

    마음이 울적하고 몸이 찌뿌드드할 때는 코스모스 길을 거쳐 피반령을 넘어 쌍암리와 창리를 지나 미동산 수목원 앞을 돌아오는 내 나름의 기분전환용 주행길을 돌아온다. 한적한 들판과 산길을 지나며 길가에 피어있는 꽃들을 대하고 가끔 불어오는 바람을 쐬며 계절의 변화를 느끼면 눌렸던 마음이 조금은 피어나는 걸 느낀다. 새로워진 몸과 마음으로 한두 주를 버텨낸다.

    올해는 건강문제와 계획된 일정으로 코스모스가 만발한 시기를 놓쳐 아쉬움이 크다. 가덕으로 이어지기 전 논길에 세워둔 허수아비들은 또 다른 볼거리였다. 주변 학생들과 주민동아리가 중심이 되어 허수아비를 만드는 것 같았는데 그들을 통해 전달하려는 시대적 전언이 있는 듯했다. 외형적이고 물질적인 곳으로 치우치는 생활태도에 일침을 가하고 행복이 눈에 보이는 곳에만 있지 않다는 의미를 읽을 수 있었다.

한 해를 은근히 기다려 왔던 것이 허사가 되었다. 가지 않은 길에 더 미련이 남듯 시기를 놓친 것이 아쉽다. 때를 놓치고 돌아본 꽃길은 썰물처럼 사람들이 빠져나간 철지난 축제마당 같았다. 무대가 철거되고 빈터만 남은 듯 쓸쓸함에 찬바람만 비켜가고 있었다. 곳곳에 여운이 남은 듯 시들어가는 거무죽죽한 꽃들이 한껏 하늘거렸을 가을의 며칠을 추억하고 있었다.

손녀가 두세 살이었을 때 코스모스 길을 걸어보고 허수아비들을 둘러보았다. 가을걷이가 행해지기 전이었는지 농약을 한 것 같지 않은 논에서는 여기저기 메뚜기들이 투둑 투둑 뛰어다녔다. 제철을 만난 사마귀들이 길가에 날아 앉아 사람들의 발걸음에도 놀라지 않고 선조들의 만용에 가까운 당랑거철(螳螂拒轍)의 모습을 재현하기도 했다. 어른들에게도 두려움을 주는 그들의 외모에 손녀는 손을 뻗거나 정면으로 바라보지 못했다.

자연이 살아있는 모습에 기뻤다. 우리에게 언제까지고 깨우침을 주는 스승이 자연임을 알았다. 꽃들이 기회가 늘 있지 않음을, 생명이 긴 것이 아닌 것을 깨우쳐 주고 있었다. 겉으로는 편안하고 화려해 보이는 꽃들이 얼마나 치열한 생존의 경쟁에 참여하고 있는지를 생각하는 이들은 많지 않을 것이다. 보이는 것이 다가 아님을 꽃과 열매들이 말없이 사람들에게 알려주고 있다.

꽃들을 한 송이씩 분리해 생각하면 그들이 활짝 피어있는 시기는 그리 길지 않다. 많은 꽃들이 낱낱으로는 하루 이틀로 피어있는 기간이 끝나고 시들어 꽃잎을 떨군다. 그 짧은 순간에 지상과제와도 같은 그들의 사명, 꽃가루받이를 통해 열매와 씨앗을 맺기 위한 일들을 마쳐야 하니 얼마나 숨 막히는 순간들이겠는가?

조금이라도 그 일을 잘하기 위해 예쁜 꽃을 피우고 벌과 나비들을 불러들이려 향기를 뿜는다. 자신의 존재를 주변에 알리고 긴 세월 종족이 살아남기 위해 온몸으로 필사의 노력을 다한다. 태평해 보이는 오리의 물밑 숨 가쁜 움직임과 큰 차이가 없는 셈이다.

뿌리를 내린 땅에서 조금이라도 많은 양분을 모으기 위해 한 치라도 더 깊고 넓게 땅을 파고 든다. 햇볕을 받아야 건강을 유지하고 씨앗을 맺을 수 있기에 하늘 향해 한 뼘이라도 목을 늘이려는 꽃들의 경쟁이 때론 눈물겹고 경이롭기까지 하다. 먹고 먹히는 자연계에서 한 발 벗어나 있을 것 같은 꽃들 역시 생존경쟁에서 예외가 아님을 깨닫는 것은 내 삶의 자세를 돌아보게 한다.

꽃들의 피고 짐에서 계절의 변화를 읽는다. 벌과 나비를 부르는 하양 노랑 보라 분홍 같은 화려한 꽃잎이 진다. 겉모습이 추레해지고 까만 씨앗들이 단단해지다가 마침내 줄기가 약해지고 흙 위에 그들의 몸을 누이는 쓸쓸한 소멸의 때가 다가온다. 스산하게 부는 늦가을 바람과 함께 무언지 모를 허전함과 서러움이 몰려오면 한 해가 저만치 물러가고 있다. 깊은 산속 빼곡했던 나뭇잎들이 햇빛과 바람이 드나들 만큼 잎들을 떨구고 있다. 짙었던 녹색의 잎들이 노을빛처럼 붉게 물들다 스쳐가는 바람에도 땅으로 내려앉는다. 옷들이 점차 두꺼워지며 바깥보다는 안으로 파고드는 내 모습을 본다.

나무들이 가늘어지고 가벼워질 때, 길 가장자리가 허전해지는 때가 되면 한 계절을 찬란하게 수놓았던 원색 코스모스 꽃들과 가덕으로 이어지던 그 길이 한동안 내 마음속에 살아난다. 여기저기 피어있던 몸을 부딪칠 듯, 한 무리로 어우러져 내 눈 속을 파고들던 그 모습이 그립다. 다시 한 해를 기다려야 만날 수 있는 그들이기에, 이제는 한해 한해를 맞고 보내는 심사가 젊었던 시절과 다르기에 더욱 애틋하다.

그 모습 보이지 않아도 꽃들 있던 자리에 흰 눈이 쌓여도, 둥글게 돌아가는 길모퉁이에 무리지어 너무도 선명해 슬펐던 가녀린 모습을 기억하리라. 눈 내리고 찬바람 불고 흐르던 냇물 얼었다 풀릴 것이다. 다시 아지랑이 피어오르고 따가운 햇볕에 곡식들 통통히 여물고 메뚜기와 고추잠자리 찾아올 때 무리지은 그들 다시 만날 수 있으리라. 그때 나 다시 가덕으로 향하는 그 길가에 그들 곁에 있으리라.

▌권력자의 남쪽 별장 - 청남대

상당구 문의면에 1983년부터 2003년 사이에 대통령 별장으로 사용되던 "남쪽 청와대"라는 청남대가 있다. 대청호가 바라다 보이는 약 60만 평에 이르는 땅에 대통령기록관을 비롯한 본관, 골프장 양어장 대통령 길 같은 시설들이 있다. 우리 지역에 소유권이 이전된 후에는 관광지로서 기능이 전환되어 많은 이들이 찾고 있다. 철따라 여러 행사들이 개최되고 꽃 축제가 열린다. 내게 어울리지 않는 선비기질 같은 면이 있어 권력을 경원시해 많은 사람들이 방문할 때에는 가지 않다가 동아리 회원들과 어쩌다 한두 번 들러보았다. 넓은 잔디밭과 잘 관리된 메타세쿼이아 공간이 내게는 무척 인상적이었다.

대통령 기록관이나 본관은 내게 큰 흥미가 없다. 많은 관람객들이 진지하게 바라보는 것 같지 않았다. 이런 게 있었구나 하는 표정으로 건성건성 전시되어 있으니 본다는 표정이었다. 힘이 있으면 보여주고 싶고 드러내는 것이 생명 있는 것들의 특징인가 보다. 역사에서 한 나라가 큰 힘을 가지면 주변국들이 고통을 겪었다. 나폴레옹과 칭기즈 칸 같은 이들이 힘을 길러 한 일이 무엇이었던가? 자신의 힘을 과시해 나라의 영토를 넓히고 주변국들에 막대한 피해를 준 것 아닌가? 넓힌 나라를 통치하거나 어떤 나라에 큰 이익을 끼치지 못했다. 나라의 영역이 확장된 것이 국가의 자부심을 높여주었던가? 착각에 지나지 않았음을 역사는 잘 보여주고 있다.

우리의 권력 체계는 대통령중심제다. 시절에 따라 임기가 달라졌는데 4년 중임에서 연임제한을 없애기도 하고 7년 단임을 거쳐 현재는 5년 단임으로 규정하고 있다. 헌법 개정을 논할 때마다 다시 4년 중임으로 돌아가자는 논의가 지속된다. 미국 같은 나라들도 예외 없이 대통령 선출기간이 되면 온 나라가 들썩인다. 민주주의의 축제라지만 국력과 재력의 소모가 보통이 아니다. 이 땅의 형편도 더하면 더했지 결코 녹록하지 않다. 선거가 있는 해에는 온통 신문과 방송이 선거로 열을 올리고 후보들은 대통령이 되려고 사력을 다한다.

대통령이 되어서 무엇을 어떻게 하려는 것일까? 임기를 마치고 매번 되풀이되는 퇴임 대통령의 불명예스런 일들은 국민들을 슬프게 한다. 가만히 생각해보면 대통령이 되어 못할 일이 없다고 하지만 할 수 있는 일도 극히 제한적이다. 언제 우리 국내외 사정이 만만한 적이 있었던가? 경제는 늘 위기를 맞고 있고 북한 문제로 심각하고 내부의 갈등은 부글부글 끓어오른다. 많은 원자재를 해외에서 수입하니 외국 눈치 아니 볼 수 없다. 미국과 중국 일본을 위시한 주변국 형편에 민감해야 한다. 더하여 국민들의 요구가 갈수록 어려워지고 있으니 머리 아프고 몸이 고단할 텐데 왜들 그렇게 대통령이 되려는 것일까? 한 분은 아내와 자신이 총에 맞아 유명을 달리했고, 그 딸로서 대통령이 된 이는 탄핵을 당했는데 무슨 미련이 그 자리에 그토록 남아 있을까? 자신은 다른 이들과 다르다고 하지만 역사가 보여주는 것은 누구도 크게 다르지 않다는 것 이다.

고려나 조선시대에는 가질 수 있는 직업군이 다양하지 않았다. 세상에 나와 이름을 떨치고 목표로 삼아 추구할 만한 일이 과거를 통해 문관이 되거나 무관이 되는 것이었다. 그나마도 신분의 제약이 심해 그 일에 매진할 수 있는 이들이 제한되어 있었다. 막힌 사회는 모두가 행복할 순 없다. 선택할 것이 외길 밖에 없는 이들은 다양한 즐거움과 자아추구에서 오는 보람과 의미를 찾을 수 없다.

권력자들의 개인적 욕망 때문에 얼마나 많은 이들이 그 삶에 고통을 받고 어려움을 당했던가. 민주화가 이루어진 나라의 국민들이 보기에는 이해할 수 없는 일들이 최근까지도 우리 주변에서 행해졌었음을 잊지 않고 있다.

국민들과 괴리된 별나라에 사는 듯한 이들이 여기저기서 튀어나와 많은 이들을 놀라게 하고, 그들의 태연자약함과 이해할 수 없는 발언들이 주변인들을 힘 빠지게 한다. 명문가에 힘과 재력을 가진 이들의 기득권을 놓지 않으려는 몸부림과 언제까지나 특권을 누리려는 힘의 대물림이 계속된다. 그들만의 세상을 누려보겠다는 이기심에서 조금도 벗어나지 못했음을 보여주는 것이다.

권력과 재력을 누리는 이들은 자신들이 그것을 계속해 누리는 것이 합법적이요 사회의 안정을 이루는 길이라고 생각하는 듯하다. 정·재계와 학계, 법률과 의료를 장악하고 그들만의 인맥을 촘촘히 쌓아가는 것을 보면서 서민들이 느끼는 감정은 무엇일까? 자유와 민주라는 허울 속에 결국은 자신들에게 유리한 틀 속에서 조금도 손해 보지 않겠다는 것이다. 인간들 사이에서 동물적 본능에 너무나도 충실한 기득권층의 모습을 보는 것 같은 서글픔을 지우기 어렵다.

　우리 사회가 가치관의 전환기를 맞고 있다. 물처럼 바람처럼 멈추지 않고 흐르고 변하는 것이 세상인데 모두가 함께 전진하면 좋겠다. 한 사람에게 권력이 집중되거나 시선이 모이지 않았으면 한다. 각 사람이 단단하게 서서 자신의 자리를 지키며 누구를 대하든 주눅 들거나 눈치 보지 않는 당당한 사회를 만들어 가면 어떨까? 대통령 별장을 향한 시선도 시들해지고 다른 곳에 바람 불고 비 내리면 그곳도 다르지 않음을 당연하게 여기고 싶다. 오늘은 그곳에도 비가 내리고 내가 사는 곳과 마찬가지로 불편하겠지. 청남대 가는 길에도 가로수와 숲속 나무에 단풍들이 울긋불긋 곱게 물들었겠다.

▌안기고픈 숲 나라 - 미동산 수목원

상당구 미원면에 자리한 수목원은 90만 평이 넘는다고 한다. 그냥 큰 산 하나를 차지하고 있다고 보면 된다. 2001년에 개원했고 도에서 설립 운영한다. 답답할 때 찾아가면 좋을듯한데 제대로 보려면 적어도 서너 시간은 잡아야 할 것 같다. 나무에서 뿜어내는 피톤치드가 좋다고 하니 수시로 가보고 싶은데 형편은 그리 녹록하지 않다. 혼자 가기는 내키지 않으니 동료들과 함께 가려면 바쁘다 하고 연락도 쉽지 않아 만만하지 않다.

무료로 운영하다 언제부턴가 유료라 하더니 다시 무료가 되었나 보다. 어디 가서 무엇을 보든 나는 전체적인 그림을 이해하지 못해 설명을 잘하지 못한다. 그냥 그때그때 즐기는 것이 나는 좋다. 태어나서 군대와 잠깐 동안을 제외하고 늘 청주에 살다보니 미동산 수목원이 생긴 것이 얼마 되지 않은듯한데 벌써 20년이 넘었다. 세월 가는 줄 모르고 살아온 셈이다.

나만 그런 것인지 산에 가면 이름을 댈 수 있는 나무 종류가 너무 적다. 눈앞에 있는 나무가 무엇인지 모르니 무식함을 고백할 수밖에 없고, 발밑을 보면 풀이름을 몰라 곤란하다. 어린 아이라도 내게 묻는다면 모르는 것도 분수가 있지 땀이 날 일이다. 이런 때에 드는 생각은 학교에서 복잡한 것 많이 가르치려 하지 말고 주변 궁금증부터 차근차근 해결했으면 좋겠다는 게다. 내 또래는 시골에서 자란 동료들이 이런 것들을 잘 안다. 그들을 보고 있으면 학교 공부를 잘하는 사람들이 헛똑똑한 게 아닌가 하는 생각을 떨치기 어렵다.

개울 따라 걷는 길이 시원하다. 아내와 나누는 대화가 어쩐지 위태위태하다. 사십여 년을 함께 살아도 왜 끝없이 의견 차이가 생기는 것일까? 나는 아내 의견을 주로 따라가고 웬만한 것들은 아내 의견을 존중한다. 때로 그것이 아니다 싶으면 반대를 하고 의견 일치를 이루지 못하면 어느 순간 내 말이 끊어진다. 그 침묵이 길어지면 내 의견이 다르다는 것을 눈치 채는 것 같은데 서로 의견을 굽히지 않을 때도 간혹 있다.

올라가는 길에 온실처럼 생긴 곳에 들렀다. 애완곤충생태원이란다. 애완동물이란 말은 자주 들어본 것 같은데 애완곤충이라니, 하기는 최근 들어 애완동물이라는 말보다는 반려동물이라는 얘기를 자주 듣는다. 그때마다 내 의식 속에서 무언가 석연치 않은 느낌이 일어난다. 반려 견, 반려 묘라니, 반려(伴侶)는 "짝 반, 짝 려"로 서로 짝을 이루는 존재라는 것인데 짝을 이루는 것은 균형이 기울지 않아야 한다. 반려자라고 하면 평생을 짝으로 삼아 함께 살아갈 부부를 이르는 말 아니던가?

그렇다면 반려견이라 함은 자신을 견으로 낮추는 것인가, 반려묘도 크게 다르다 생각하지 않는다. 인간이 스스로를 낮추는 것 같아서 인간의 격을 되찾기를 바라는 마음이다. 조금 지나면 반려곤충이라는 표현도 사용하지 않을까 싶고 반려목이라는 말까지 나올 것 같다.

수목원은 나무를 주 대상으로 하는 곳이다. 이 세상에 나무야말로 창조주께서 인간에게 보낸 값으로 환산할 수 없는 선물이라 생각한다. 나무가 없는 세상을 상상하면 얼마나 삭막한가? 최근에 자녀들을 따라 외국을 잠시 다녀왔는데 캐나다에서 공원과 산을 자주 보았다. 그곳 산들은 중턱까지는 나무가 자라다가도 정상을 향해 솟아난 곳에는 바위산이 많아 나무 하나 자라지 않아 마치 그리스·로마 신화에나 나올 법한 신들이나 사는 산 같았다.

가을에 가본 산에 흰 눈이 쌓여 있었다. 여름을 거친 후라 생각하면 연중 눈이 녹지 않음을 짐작할 수 있었다. 사철 변화가 없는 산 정상의 모습을 생각하니 아기자기하지 않고 사람들과 친하지 않을 것 같았다. 인간의 접근을 거부하는 산들, 울타리를 두르고 단절되어 살듯이 자기들끼리 사는 것 같은 산과 그 위를 오갈 것 같은 산신령들. 자연이 깨끗하고 살아있다 하지만 친근하다는 마음은 들지 않는다.

그들 산에 비하면 매일같이 대하는 우리의 산들은 사람을 부르는 산이다. 휴일이면 울긋불긋 등산복을 차려입고 어느 산을 굳이 가릴 것 없이 산의 부름을 좇아가듯 많은 이들이 산으로 향한다. 그 산에는 정상에 이르기까지 나무들이 살고 있다. 비록 구부러지고 작을지 몰라도 땅에 뿌리를 내리고 하늘을 향해 치솟고 있는 그들을 보며 마음이 편안하기도 하고 오르며 내리며 손으로 잡아 반들거리는 나무들을 본다.

수목원을 거닐어 내려오는 길에도 이름을 모르는 나무들이 가득하지만 그들은 결코 사람들을 차별하지 않는다. 우리에게 선물처럼 온 나무들도 창조주의 마음을 닮았나 보다. 수목원을 반도 오르지 않고 내려오는데 다리가 무겁다. 폐부로는 신선한 공기가 가득 찼겠지만 다리는 풀리고 아래로 향할수록 다시 세상이 생각난다. 여행은 돌아오기 위함이고 산을 오름은 내려오기 위함인지 모른다. 몸이 피곤해야 마음이 산뜻한 것일까?

수목원을 뒤로하고 돌아오는 길에 한동안 말이 없던 아내가 사탕한 알을 건넨다. 다시 회복되어 원래로 돌아가는 것이다. 수목원의 전체적인 것들을 잘 알지 못해도 찾아가서 몸속에 쌓인 먼지들을 털어내고 신선한 공기를 갈아 넣은 것만으로도 내 사는 곳 가까이 있는 수목원의 역할은 충분히 한 것 아닐까? 비오는 날은 비오는 대로, 바람 부는 날은 또 그대로, 눈 내리는 날은 눈을 맞으며 자주 찾아오고 싶은 곳이 여기 미동산 수목원이다.

▮ 뒷산 휴식처 - 부모산

 흥덕구 비하동에는 부모산이 있다. 이 지역에 야트막히 솟은 야산들이 많지만 가까이 살아도 그 이름들을 알기 어렵다. 해발 232m라니 솔직히 쉽게 감이 잡히지 않는다. 주택가에서 얼마 떨어지지 않은 산이어서 찾는 이가 많다. 결심하고 나서지 않으면 갈 수 없는 곳보다는 별 부담 없이 오르고 내릴 수 있는 곳이 좋다. 청주의 서쪽에 자리한 산이어서 예전부터 군사적으로 유용했었던 것 같다. 여러 전해지는 전설로 그 효용성을 짐작할 수 있다.
 이름부터 범상치 않다. 부모산(父母山)이라니, 산에 그 지엄한 이름을 붙이는 게 어떻게 가능했을까? 산의 도움을 받아 생명을 구했나 보다. 그것도 한두 명이 아닐 것 같다는 상상을 한다. 몇 가지 전설이 전해지는데 고려시대에 몽고의 침입을 받아 지역민들이 그 산으로 피신을 했단다. 네 달 동안이나 짙은 안개가 끼어 몽고군들이 마을 사람들을 발견하지 못해 모두가 살아서 그 은혜가 부모와 같다 해서 붙여진 것이라고 한다. 다른 전설은 그때에 가뭄이 심해 사람과 말이 모두 죽을 수밖에 없었는데 정상 근처에서 물이 솟아났단다. 그 바람에 모두가 살아서 산은 부모산, 우물은 모유정(母乳井)이라 했다고 한다.

임진왜란을 배경으로 한 전설도 있다. 유사한 위기에서 꿈속에 계시를 받고 파보니 우물이 솟아나 죽음을 면했다. 이 이야기에는 청주 지역의 의병장 박춘무와 그 동생과 아들이 등장한다. 전설이라는 것이 사실보다는 그 상징하는 의미가 중요하다. 결론은 부모산이 지역민에게 큰 도움이 되었다는 것이다. 부모산으로 불리기 전에는 악양산(岳陽山), 야양산(爺孃山), 아미산으로 불렸다고 한다. 악양산(岳陽山)은 악(岳)과 양(陽) 두 글자 모두가 산 이름에 흔히 사용되는 글자들이고 야양산(爺孃山)은 아비 야(爺), 어미 양(孃)으로 받아들이면 부모산과 차이가 없다. 아미산은 개인적인 생각으로는 어미산으로 부르다 음이 변한 것이지 싶다. 언어를 연구하는 이들은 '풀무'에서 '불무'로 그리고 한 번 더 '부모'로 변형됐다고 보기도 한단다. 그것은 산의 생김이 풀무 같거나 산에 풀무가 있었거나 한 경우에 해당할 것이다. 정확한 것이야 알기 어렵지만 말이다.

부모산은 고교시절에 격전지 순례로 갔었는데 그곳까지 가고 오는 과정을 행군이라 했다. 그 시절에는 학교 자체가 하나의 군대 같았다. 학생들의 편제를 학도호국단이라 했고 월요일에는 애국조회를 했다. 조회에는 열병과 분열이 있었는데 이제는 그게 무엇이었는지도 모르겠다. 여하튼 쉽지 않았고 당시에 교련과목을 맡았던 군인복장을 한 분들이 고생이 많았다.

그 행사는 50분 걷고 10분 쉬는 군대훈련 같았다. 걷는 중간에 화생방 훈련, 사주경계도 했는데 돌이켜보면 소꿉장난 같다. 대학에도 교련과목이 있어서 일주일 네 시간에, 6.25가 되면 반공웅변대회를 했다. 부모산은 전설을 따른다 해도 몽고 침입, 임진왜란과 관련된 곳인데 어떻게 반공과 연결했을지 이제야 궁금하다는 생각이 든다.

부모산에는 산성의 흔적이 있다. 그것도 삼국시대 백제에 의해 축성이 되고 그 후로 사용되어 오다 옛 문서에 의하면 조선시대 어느 시점에서부터 성으로서의 기능을 상실한 듯하다. 지역민들에게 성은 어떤 의미였을까? 전쟁 같은 위기 시의 방어시설이라 할 수 있겠다. 가능하면 기억하고 싶지 않고 대비하고 싶지 않지만 관에 의해 만일을 위해 준비해 두는 곳이다. 1980년대 중반에 온 국민을 경악하게 했던 북한의 '금강산댐'에 대응하기 위해 '평화의댐'을 조성한다고 온 국민을 상대로 성금을 모으던 일을 기억한다. 유비무환(有備無患)이라 하지만 국민들 편에서는 그리 달가운 일은 아니다.

이제는 그런 모든 것을 떠나 지역민들의 휴식 공간이다. 산이 어떻게 휴식을 주는 것일까? 산에 오른다는 것은 말 그대로 오르는 것이다. 그 과정에서 다소간의 운동이 될 수 있고 평소보다 높은 곳에서 바라보는 전망은 시원하고 많은 것을 내려다보게 해서 자신은 커지고 문제는 작아지는 효과가 있다. 걱정의 규모가 줄어드는 것이다. 아무리 낮은 산이라 해도 아래부터 정상까지 자신이 올라온 것을 생각하면 매사에 자신감을 갖게 될 수도 있다.

산의 삽상한 공기가 주는 시원함과 흐르던 땀이 식는 데서 오는 상쾌함이 긍정적인 기분을 상승하게 해준다. 이런 점들이 함께 어울려 지난날들의 좋지 않았던 심신 상태를 해소하고 새로운 마음을 얻을 수 있다면 서민들에게 활력이 될 수 있다. 더구나 가족들과 함께 오르고 그 과정에 의미 있는 대화가 이루어진다면 사회적으로도 권장할 만한 일이다. 우리 사회가 경쟁과 대화부족으로 치르고 있는 사회비용을 생각해 보라. 주변 숲들을 개발해 지역민들에게 돌려주는 것이 사회를 건강하게 하는 일 중에 하나라고 여겨지지 않는가?

뉴욕의 거대한 숲과 휴식공간인 센트럴 파크를 제안하자, 일부의 사람들이 그 금싸라기 같은 땅을 왜 그런 일에 사용하느냐고 물었다. 추진하는 이들이 대답하기를 지금 이 일을 하지 않으면 언젠가는 정신병자들을 치료하는 병원을 짓기에 그만한 땅이 들어갈 것이라고 했단다. 자연을 파괴하며 개발이라 하지만 실은 식물과 동물 그리고 인간들이 건강하게 살아갈 공간들을 부수고 안식처를 허물고 있는 것은 아닌지 의심스럽다.

언젠가는 그만한 대지보다 산과 숲이 더 소중하다고 여기는 때가 올지도 모른다. 더구나 주거지에서 가까운 숲은 우리의 산소통이라 불러야 할 것도 같다. 부모산은 얼마가지 않아 정말로 우리에게 부모와 같은 존재가 될 수도 있다. 가능한 그러한 순간이 늦게 오기를 기원한다.

▌집념으로 일군 기념비, 학천탕

 소문을 듣기는 했지만 가본 적은 없었다. "학천탕", 지역의 명물이요, 청주 미래 유산으로 시민들이 뽑았단다. 주변에서는 목욕탕 영업을 하고 있지 않은 목욕탕을 문화유산이라 할 수 있느냐는 말도 더러

(학천탕의 현재 모습, 아직도 변신 중이다.)

들렸다. 이제는 카페로 변신을 했단다. 한번 들르거나 정확한 위치를 알지도 못하니 나로서는 할 말이 전혀 없다. 최근에 방송을 보다가 그곳에 대해 꽤 길게 방영되는 것을 보았다. '다시보기'도 있다지만 현대판 문맹에 가깝게 전자기기를 다루는 데 서투니 그냥 지나는 수밖에 없었다.

그날 본 것이 오래 마음에 남았다. 때밀이로부터 시작해 몇 개의 목욕탕을 소유하고 "시민들의 마음의 때는 예술인들이 씻으면 되고, 몸의 때는 자신이 씻어주면 된다"는 말을 했다는 학천탕을 세운 주인장 박학래님이 대단해 보였다. 얼마나 열심히 살았으면 그러한 삶의 배경을 가지고 두 번의 시의원과 두 번의 도의원을 역임하고 국회의원 선거에도 출마했을까? 정치인으로서의 삶도 너무도 당당했다. 입지전적인 인물이었다. 교유하던 이들도 다양하고 지역의 유력인사들이었다. 조금도 주눅 들지 않고 노는 물이 일반인들과는 달랐다. 청주에서 네 개의 목욕탕을 경영했다고 한다.

목욕탕을 운영하면서 청주시문화상을 수상했단다. 그런 상을 받을만한 일을 한 이도 대단하지만 그런 이를 알아보고 문화상 수상자로 결정하는 이들도 멋있다. 이런 분들이 함께 살고 있는 내 고장 청주가 또한 대단하다는 마음이 들었다. 그분은 참으로 낭만이 있었다. 긴 세월 고생한 아내를 위해 목욕탕을 건립해 선물한 것이 "학천탕"이란다. 자신의 이름 박학래에서 학 자를 따고 아내 채천식의 이름에서 천 자를 따서 학천탕이라 했다고 한다.

마치 가장 사랑하는 이에게 정성을 다해 최상품을 선물하듯이 그 당시 우리나라에서 가장 잘나가는 건축가 김수근에게 찾아가 부탁을 했다. 김수근은 일반 건물을 짓는 건축가가 아니었다. 전국의 주요 박물관과 성당 교회 주한 미국대사관 국립중앙과학관 같은 굵직하고 대단한 건물들을 지은 한 시대를 대표하는 건축가에게 목욕탕 건물을 의뢰했으니 건축가 김수근도 한동안 당황하고 어안이 벙벙했을 것이다.

허나 주인공 박학래님의 진실한 이야기를 듣고 자신이 맡기로 결심한다. 그분과 그의 수제자라 할 승효상 건축가가 이루어내는 기념비적 건물이 우리 지역의 학천탕이다. 건물도 대단하지만 그의 순애보는 더욱 멋있다 할 것이다. 그런 대단하다고 밖에 말할 수 없는 인물도 죽음을 피할 수는 없는지 불의의 교통사고로 2010년 세상을 떠난다.

크게 달라지는 것 같지 않아도 세상은 조금씩 변하는 것이어서 얼마의 세월이 지나고 나면 크게 달라져 있음을 느끼게 된다. 학천탕이 건립된 것이 1988년이다. 벌써 35년여가 흘러갔으니 문화와 세태도 많이 달라졌다. 학천탕이 세워지던 때에는 목욕탕이 갖춰진 집이 드물었다. 공중목욕탕에서 함께 어울리고 왁자지껄 목욕하던 문화였지만 급격한 아파트의 공급으로 목욕문화도 빠르게 변화를 겪는다.

가정마다 목욕시설이 있으니 일부러 목욕탕을 찾는 이들이 많지 않았다. 최근에는 코로나라는 역병을 겪으면서 더 힘든 시절을 겪었을 것이다. 이 변화의 바람 속에 옛 시절을 그리워만 하고 변화에 저항할 수만은 없었을 것이다. 그간도 여러 어려움을 겪은 그의 맏아들 박노석님은 숱한 고민을 거쳐 전업을 결심한다. 건물의 외관을 최대한 살리면서 목욕탕의 추억을 잊지 않고 할 수 있는 업종을 찾아 변신을 이루었으니 그것이 "카페 목간"이었다. 아버지를 기억하는 이들이 아들의 마음을 이해하고, 학천탕을 기억하는 이들이 카페 목간을 찾는 것 같다.

그날 방송을 보면서 아니 그 이전부터 흐릿하게 의식하고 있었다. 그 목욕탕집 아들 박노석과 내가 어떤 연결이 있었을 것이다. 그가 머리가 하얗고 나이가 적지 않게 들어 보이지만 나와 그다지 차이가 나지 않을 게다. 그는 나와 중학교 동창이었다. 그는 반에서 신장이 커서 뒤쪽의 친구들과 어울리고 나는 작아 앞쪽 친구들과 놀고 서로 사는 곳이 달라 어울림이 없었지만 한동안 날마다 한 교실에서 생활을 함께 했었다. 내 소극적인 성격도 한몫을 해서 더욱 어울리지 못하게 했을 것이다.

중학교를 졸업한 지 50여 년의 세월이 지나간다. 서로 왕래가 없어도 그가 얼마나 열심히 살았는지 알겠다. 방송되는 내용으로 보아 힘겨운 삶을 열심히 살았나 보다. 그의 이야기를 보면서 내 삶이 겹친다. 그의 부친이 살아온 삶과 견주어 볼 수는 더욱 없고 같은 시대를 살아온 동창과도 너무 다른 삶을 살아왔다. 그가 고민하고 찬바람 부는 들판에 서서 열정적으로 살아갈 때 나는 타성에 젖어 나날이 다르지 않은 삶을 일상적으로 살았음을 알았다.

그가 살아가는 현재의 삶, 함께하는 사람들, 인생을 대하는 자세가 새롭게 느껴져 온다. 청주라는 지역의 한복판에서 부친의 유지를 이어받으며 어떻게 사는 것이 의미 있는 삶인지를 고민하며 사는 것 같았다. 나에게 다가온 많은 도전의 순간들을 비실대고 핑계를 찾으며 피해온 것은 아닌가 생각해 본다. 남은 삶의 기간이 얼마나 되는지 모른다. 그가 몸담고 있는 건물이 청주 미래문화유산으로 선정되었다. 그만큼 책임감이 더해진 게다. 나는 그가 항상 잘 선택하고 살아가기를 가까이에서 그림자처럼 응원할 것이다.

Ⅳ.
이 땅을 사는 지식과 지혜

- 호수와 도서관
- 기적의 도서관
- 지역의 대표 대학교
- 위기를 기회로 – 교원대학교
- 국립 청주박물관
- 청주 고인쇄박물관
- 일상과 죽음 – 백제유물전시관
- 문의 문화재단지

▌호수와 도서관

　물은 생명의 근원이다. 생명체가 있을 만한 별들을 탐색할 때 물의 존재를 따지는 것도 그러한 이유에서일 것이다. 모여 있는 잔잔한 물을 보면 마음이 편안해진다. 바다를 바라보며 많은 생각을 하고 자신을 성찰하며 새로운 다짐을 하는 것도 그 나름의 이유가 있을 것이다. 내가 살아가는 충북은 이 나라에서 유일하게 바다가 없는 도이다. 갖지 못한 것은 더욱 아쉽고 그리운 것인가. 청주에 사는 이들에게 바다는 선망의 대상이 아닐까?
　청주에 바다는 없지만 여러 호수가 있다. 그 중에 하나가 오창에 있고 호수 가까이에 꽤 규모가 큰 도서관이 있다. 호수는 도서관의 연못 같고 도서관은 호수에서 자연을 즐기고 쉼을 얻었으면 이제는 이곳에 와서 인류가 축적해 온 지식을 파헤쳐 보라고 손짓하는 것 같다. 그 곳이 오창호수도서관이다.
　도서관이 변하고 있다. 왠지 기침 소리도 내서는 안 될 것 같은 곳이 이제는 떠들썩하고 모여 영화도 보고 함께 책 읽고 토론도 한다.

시민들이 원하는 것을 함께 배우는 곳으로 탈바꿈하여 지역민들의 쉼터요 놀이터가 되고 있다. 다소 주관성이 있지만 주변이 아름답고 시설이 좋기로는 오창호수도서관이 다른 어느 곳에 뒤지지 않을 것이다. 이곳에는 미술관이 있고 상상놀이터가 있다. 가장 높은 층에는 카페와 휴게실까지 있다. 도서관이 꼭 근엄하고 딱딱해야 할 이유가 없다.

이곳에서 몇 해 전에는 내가 이웃집 작가로 나서 독자와의 대화를 나눈 적도 있다. 그때에 많은 이들이 함께 참여하여 의미 있는 시간을 갖고 좋은 추억을 만들었다. 우리 사회가 선진으로 향하면서 각지에 도서관들이 늘어가고 있다. 전자와 영상자료가 적은 것은 아니지만 아직 도서관하면 책이 중심이다. 왜 점점 도서관에 대한 수요가 늘어나는 것인가. 삶에서 최소한의 기본적 요소가 충족되면 인간의 특징인 사색과 질문이 솟아오른다. 그 답을 찾기 위한 끝없는 과정이 자연스럽게 녹아 있는 것이 책이기 때문이다.

책을 대하는 의도는 조금씩 다를 수 있지만 인간답게 살려면 책을 떠날 수 없다. 과거를 탐색하고 당장 필요한 지식을 찾고 삶의 여유를 구가하는 것이 모두 책을 통해서 가능하다. 나아가 인간의 근원적인 물음에 대한 탐색에 책을 도외시할 수 없다. 필요한 책들을 구입하는 것도 좋지만 그러지 못하는 경우가 적지 않다. 오래되어 절판되었거나 자주 볼 책이 아니면 도서관에서 빌려보는 것이 환경을 살리면서 지식을 채울 수 있는 방법일 수 있다.

도서관들이 도처에 있지만 필요에 따라 거주지에서 먼 곳을 이용하기도 하는데 긴 시간을 이용할 경우, 가족들과 함께할 때, 내가 자주 가는 곳이 호수도서관이다. 독서로 지치면 옥상에 올라가 호수를 바라볼 때도 있고, 몸에 새로운 활력을 주고 싶으면 도서관을 빠져나와 호수로 향한다. 호수 주변은 잔디밭이 있어 가벼운 산책에 맞춤하고 호수를 따라 조성된 데크 길을 돌아볼 수도 있다. 풀과 나무가 적지 않아 계절을 느끼고 자신의 삶을 돌아볼 수도 있다. 어둠이 내리면 많은 전등 불빛으로 색다른 세상이 된다.

솟구치는 분수의 물줄기와 호수를 떼 지어 다니는 물고기들, 먹이를 던져주면 무수히 몰려드는 그들을 보며 산다는 것이 무엇인가, 먹이 활동에 너무나 분주하고 지나치게 많은 시간을 소모하는 것은 아닌가 돌아본다. 날이 좋으면 호수 공원을 찾는 가족단위 나들이객이 많다. 그들을 바라보며 가족의 의미를 돌아보고 가끔은 생뚱맞게도 언젠가 방송에서 본 적이 있는 한 동물가족이 살 곳을 찾아 이주하던 장면이 떠오르기도 한다.

그들은 아무 것도 가진 것이 없었다. 그래도 어색함이 없고 가난해 보이지 않았다. 어디로 가든 그 나름의 삶을 이어갈 것 같았다. 더 가진 것이 없어 자유롭고 어디로든 옮겨갈 수 있는 그들에 비해 인간들은 가진 것이 너무 많다. 가진 것이 많아 편리하고 풍요로운 것 같지만 그로 인한 부작용이 얼마나 많은가. 살아가기 위해 너무도 많은 것을 소유해야 하는 존재로 인간은 변화했다. 한 가족이 살 집을 마련하는 데 수십 년이 소요되는 종족이 인간을 제외하면 도대체 어떤 족속이 있을까?

많은 것을 소유하는 것은 영향력을 확대하는 것이기도 하지만 그럴수록 그것에 얽매이는 것인지 모른다. 가장 현명한 것 같으나 어리석은 존재가 인간이라는 생각을 지울 수 없다. 이 통제하기 어려운, 지구상에 가장 늦게 모습을 드러낸 종족이 인간이다. 막대한 영향력을 행사하면서 자신이 사는 곳을 놀라운 속도로 되돌리기 어려울 만큼 열심히 경쟁적으로 망치고 있다. 더 가지려는 욕망을 억제하지 못하는 참으로 어리석은 종족이다.

물이 들려주는 지혜에 귀를 기울여 보자. 낮은 곳으로 더 낮은 곳으로 끝내 바다에 이르도록 물은 낮은 곳으로 흐른다. 막는 존재가 있으면 돌아서 가고 웅덩이가 패었으면 채운 후에 흐른다. 더러운 것을 씻어주고 담기는 곳에 따라 모양을 달리하지만 자신의 본성을 잃지 않는다. 때로는 위세를 드러내 며칠씩 폭우로 내리고 폭포처럼 내리꽂는 거센 면을 보여도 여전히 온갖 생명을 살린다. 나는 말없이 인간을 향해 지혜롭게 살라는 물이 좋다.

물가에 있는 도서관, 그러기에 책을 읽다 눈을 들어 호수의 잔잔한 물결을 바라보고 인생과 자연을 생각하고 삶의 지혜와 근원적 물음의 답을 찾아갈 수 있는 도서관을 많은 이들이 찾는가 보다. 그곳이 오창호수도서관이다.

▎기적의 도서관

 어린이를 위한 도서관으로 지어졌다. 방송의 사회적 책임이랄까. 공익프로그램의 일환으로 전국에 여러 개의 도서관이 만들어졌다. 벌써 20여 년 전 일이다. 어린이를 위한 도서관답게 어린이 도서가 많이 갖추어져 있고 아기자기하다. 그렇다고 어른들의 방문을 거절하지 않는다. 어른들을 위한 인문학 프로그램도 적지 않게 운영하고 있다.
 모든 연령대에 책이 필요하고 책을 마음껏 볼 수 있는 도서관이 넉넉하면 좋을 것이다. 어린이들은 그 시절이 학습하는 기간이다. 학습을 체계 있게 창의적으로 행하기 위해서는 사고를 유발할 수 있는 많은 자료들이 필요하다. 어린 시절의 상상력은 무한한데 그것에 날개를 달아주고, 좁아듦을 방지할 수 있는 가장 좋은 것이 많고 또 많은 책이다.
 최근 어린이들이 위험하다. 꿈을 한창 키워나갈 시기에 너무 많은 유혹에 노출되어 있다. 동요 대신 유행가와 외국노래에 빠져 허우적

거리고 있다. 무슨 노래든 잘하게 되면 동요를 배워도 빠르고 잘 부르게 된다고 하면 반박하기 쉽지 않지만 성장 과정에 맞게 불러야 할 노래가 있다. 그것이 어린이들에게는 동요인데, 성인들을 위한 노래에 너무 일찍 과도하게 노출된 것이 아닌가 한다.

전자기기와 게임에도 무방비다. 상대는 온갖 장비로 무장하고 달려드는데 맨몸으로 준비 없이 맞서 싸우는 것과 같다. 상대가 자신에게 해를 끼치는 적(敵)이라는 의식이 없어서 더 치명적이다. 상대는 화려한 색상, 짜릿한 속도, 재미로 무장하고 있어서 어린이들은 싸우려는 의지보다 같은 편이 되려는 욕망이 강하다. 이것을 막아줄 어른들은 힘이 없어 어린이들의 요구를 거절하지 못한다. 이들을 전자기기와 게임으로 몰아대는 것에는 과도한 학습 부담과 경쟁도 한 몫을 단단히 하고 있다.

이런 이 시대 어린이들에게 어울리지 않는 것이 책일지 모른다. 어쩌면 그렇기 때문에 도서관도 책만을 고집할 수 없고 어린이들의 요구에 적당히 맞추어 가는 것 아닐까 하는 생각이다. 현재의 어린이들은 전자기기와 게임의 문화에서 태어나 자라고 있다. 나 같은 이들은 컴퓨터를 더듬더듬 배워서 필요한 것들을 겨우 사용하지만 어린이들은 의존과 사용의 정도가 다르다. 모든 것에 빛과 그림자가 있듯, 지나친 것은 부족함과 다르지 않다. 욕구가 채워지지 않거나 거절당할 수도 있고, 바로 손에 넣을 수 없는 것이 많고 기다려야 한다는 것을 어떻게 배울 수 있을까? 한 가정에 자녀들이 하나인 경우가 많고 이제 부부의 평균 출산율이 일(1)에 훨씬 미치지 못하니 모두가 공주와 왕자처럼 자란다고 하겠다. 인내와 절제를 익히지 못한 이들이 청년이 되고 어른이 된다고 상상하면 두려움이 앞선다.

그런 모습이 우리 사회에 어느 순간부터 나타나고 있다. "묻지 마" 폭행사고가 자주 일어나고 살인을 예고하고 협박하는 일들이 심심찮게 보도된다. 그런 일을 일으키는 이들은 사회적 외톨이와 욕구가 충족되지 않은 채 충동적인 행동을 하는 이들이 많을 것으로 판단한다. 이 문제에 대한 답은 무엇일까? 한 가지로 답할 수는 없지만 많은 답 중 하나는 좋은 책이다.

어린이들이 힘이 들어도 많은 책을 읽어 간접 경험을 쌓고 감정과 상상력이 풍요로울 때, 다가오는 어려움들을 극복할 수 있을 것이다. 속도감과 쾌감이 즉각적이고 친숙한 것들과는 달리 느리고 감정의 진폭도 더 좁은 책과 가까이 함으로 더 깊고 진지한 사고의 세계로 발을 들여놓아야 한다.

어린이들이 책과 친해지고 독서의 습관을 들이기 위해 도서관이 가깝고 또 많아야 한다. 어린이들에게 행하는 일에는 긴 안목이 있어야 한다. 바로 효과가 나타나면 좋겠지만 그들이 청년이 되고 어른이 되는 순간을 예측해야 한다. 당장 학교 성적에 급급할 것이 아니라 길게 보고 인생의 바닥을 단단히 다진다는 마음으로 시기에 맞는 일을 하도록 격려하고 인도함이 필요하다.

기적의 도서관에는 천체투영관이 있다. 한 인문학 강좌를 듣다가

체험해 보았는데 어른에게도 유익했다. 광대무변한 우주와 하늘을 보면서 별자리를 익히고 전설과 신화를 듣고 상상을 하고 자신이 좋아하는 별자리를 정해보는 것이 얼마나 낭만적인가? 그렇게 익힌 실력으로 철따라 달라지는 하늘의 별자리에서 아는 별들을 넓혀가고 자신만의 꿈과 상상을 더해가는 것이 하늘의 한 친구를 사귀는 것이 아니고 무엇이랴.

어린이들이 친구들과 함께 아무 어려움 없이 찾아갈 수 있는 도서관이 많아지면 참 좋겠다. 그곳에 가면 반겨주는 어른이 있고 책을 골라주고 관심을 표현해주는 이들이 있을 때 아이들은 안정감을 느끼고 밝게 자란다. 어려움 속에서 좌절하지 않고 아름다운 삶을 사는 이들의 이야기를 직간접으로 대하면 그들에게 무한한 사랑을 퍼부어 준 이들을 발견하곤 한다. 우리 사회에서 어린이들을 가장 마음 놓고 보낼 수 있는 곳, 긴 인생을 살면서 가장 좋은 영향을 받을 수 있는 곳이 도서관이다.

청주에 몇 곳 안 되는 어린이 도서관, 그중에 한 곳이 기적의 도서관이다. 누구도 거부하지 않고 찾아오는 이들을 반기는 곳, 인류의 오랜 지식과 지혜가 한 곳에 모여 있는 곳으로 아이들을 반기는 위인과 스승을 만날 수 있다. 외로운 이도 가난한 이도 힘없는 이도 환영해 준다. 책 속에서 뭔가를 들려줄 준비를 하고 있는 이들을 만날 수 있는 곳, 때로는 눈물과 웃음을 선사하고 즐거움을 안겨주는 그곳으로 가라. 그곳이 청주 기적의 도서관이다.

▎지역의 대표 대학교

　청주를 교육도시라고 한다. 지금도 그 이유가 궁금하다. 아마도 도시의 분명한 특징을 꼽기 어려워 그렇게 부르는 게 아닌가 싶다. 그렇다 해도 다른 명칭도 많을 텐데 교육도시라 했을까? 전체인구에 비해 학생 수가 많은가 싶기도 하다. 환경이 하루가 다르게 달라지는 오늘날 그렇게 부르는 게 타당한 것인지 알 수 없다. 이 도시 청주 안에 대학이 10여 개 있고 여타 중·고등학교와 초등학교가 많이 있는데 지역을 대표할 수 있는 곳을 꼽으라 하면 충북대학교가 가장 먼저 떠오른다.
　예전에는 시 외곽에 자리했었지만 시가 점점 확장을 거듭하면서 이제는 중심부에 위치해 있다. 학교 부지가 넓고 대학 인구가 많아 지역에 미치는 영향력이 막대하다. 농대로 출발했지만 단과대가 하나씩 늘어나 이제 예술대학을 제외한 모든 대학이 운영되고 있다. 의과대학과 병원 유치를 위해 도민들이 펼친 노력은 대단했었다. 학교 밖에서 한 시민으로 보기에 교육환경이 좋아 보인다.

꽤 오래 전에는 나와 지역의 동료들이 몇몇 모여 대학 운동장에서 아침운동을 하고 학생식당에서 아침밥을 함께 먹기도 해서 그리 어색하지 않다. 방송대 시험장소로 강의실에 들어가 보고 가끔 시민 대상 인문학 강의가 개설되면 참여해 보기도 했다. 수곡동에 평생교육원이 건립되기 전에는 개신동 본 대학에서 수년간 수필 강의를 수강하기도 했다. 이런저런 일로 충북대와는 친숙한 관계를 유지하고 있다.

한때는 심리학을 익히고 싶어 대학원에 문의를 해보았는데 그 학문의 실용성과 시대적 요구가 대단한 것인지 시험이 어렵고 그에 앞서 권유사항의 이해가 잘 맞지 않아 내게 그 문은 열리지 않았다. 돌아보면 내 간절함이 부족했던 것이 가장 큰 원인이 아니었나 생각한다. 개인적 시각으로는 지역을 위한 대학의 역할이란 차원에서 지역민을 위해 적극 참여를 장려하고 가산점을 부여해도 좋지 않은가 판단하기도 한다.

지역민에게 대학이란 어떤 의미인가? 대학 안에서 이루어지는 학문의 연구와 전달에는 관여하기 어려우니 자신의 자녀들이 그곳에 다닐 수 있는가 하는 면이 관심사일 게다. 학교 측에서도 나라의 전반적인 추세에 비추어 학령인구의 급속한 감소를 대비하지 않을 수 없다. 아무리 해외유학생을 늘린다 해도 그것에는 한계가 분명하니 지역민들을 위한 과정이 서로의 필요에 의해 늘어날 것이다. 특히 직장인과 나이든 이들의 학문적 욕구를 충족시키는 일은 양쪽 모두에게 득이 되는 일이다.

도시에서 찾아보기 어려운 대학의 풍부한 시설을 주민들이 활용할 수 있는가 여부는 지역민들에게 가장 중요한 관심사이다. 국립대학이라는 점을 감안하면 도서관을 비롯한 체육시설, 주차공간과 편의시설 등을 주민들에게 개방하고 공유한다면 지역과 주민들에게 큰 활력이 되고 환영을 받을 것이다. 다소 뜻밖의 일들이 초기에 발생할 수 있으나 대학생들은 이미 성인으로 함께 어울려 살아갈 이들이라 생각하면 장애가 되지 않을 게다.

충북대학교는 숲과 녹지가 적지 않아 지역민들이 자주 찾는다. 주민들에게 휴식공간을 제공하기에 넉넉하지만 이용하는 이들로는 익숙해지기에는 어딘가 미안함이 늘 있다. 보다 적극적으로 학습활동에 방해가 되지 않는 범위에서 편하게 사용할 수 있는 공간들을 여러 통로로 알리고 활용하게 하는 것도 이 삭막한 시대에 사회에 기여하는 중요한 일이라 여긴다.

개인과 사회에 대학이 갖는 의미는 무엇인가? 한때 자신들이 배우지 못한 한풀이를 하듯 자녀들을 대학에 보내던 시기도 있었다. 그 바탕에는 서러운 경험이 배어있다 할 관존민비(官尊民卑) 의식도 들어있었다. 너도 나도 못 배운 게 한이요, 죄여서 "알아야 면장도 한다"는 말이 격언처럼 쓰이기도 했다. 대학은 누구에게나 '큰 배움'이었으면 좋겠다. 사회로 진출하기 전 학문과 교양을 익히고 향유하는 곳이며 다양한 여러 교우들을 만날 수 있는 곳이다.

대학에 중추적인 역할을 맡고 있는 이들이 교수 분들이다. 학생들에게는 학문뿐 아니라 인생에 대한 가르침을 베풀 수 있는 삶의 선배로서 자녀 혹은 동생처럼 학생들을 대할 때 사제 간 정이 도타워지고 평생을 이어갈 관계가 맺어질 수 있을 것이다. 학생 편에서는 자신이 연마하는 분야에서 일정 업적을 이룬 귀한 분들과 일생 중 소중한 한 부분을 함께하는 것이니 그분들에게 많은 것을 배우고 졸업 후에도 서로 도움을 주고받을 수 있는 관계의 기본을 쌓는 시기가 되면 좋겠다.

밖에서 보기에는 국제적인 교류도 적지 않아 학생들이 세계인으로 자라날 수 있을 것 같다. 지역민의 한 사람으로 대학의 자원들을 대학과 학생에게만 한정하지 말고 관심 있는 이들에게도 열려있는 지역의 보물단지 같은 곳이 되었으면 한다. 학문적 평가를 비롯하여 여러 면들을 잘 알 수는 없지만 지역의 중심에 이런 대학이 있음을 자랑하고 싶다. 청주를 찾는 사람들에게 자랑스레 대학 캠퍼스를 소개하고 대학 식당에서 점심을 함께할 수 있는 열린 대학이 된다면 얼마나 좋을까. 충북대학교가 지역의 자랑거리가 되는 그런 대학이 되어 주기를 원하는 이들이 결코 적지 않을 것이다.

지역과 대학은 분리할 수 없고 지역의 성쇠에 대학이 영향을 줄만큼 지역과 밀착되어 구성원들의 기대를 채워주는 충북대학교이기를 부탁하고 바란다.

▌위기를 기회로 - 교원대학교

　흥덕구 강내면은 조용한 변두리다. 그곳 25만여 평의 부지에 교원대가 자리하고 있다. 1980년대 중반에 문을 열었는데 당시에는 논란이 많았다. 이미 대학에 교육을 책임질 학제가 다 있는데 구태여 옥상옥(屋上屋)처럼 특수학교를 하나 더 만들고 그곳에 온갖 혜택을 몰아줄 필요가 있는가 하는 것이었다. 그 일을 추진한 이가 시민항쟁을 무력으로 진압하고 집권한, 정당성을 인정받기 어려운 권력자였으니 반대가 더 심했다.

　절대 권력자가 힘과 의지를 가지고 밀어붙이는데 끝까지 반대할 이가 있을까? 일견 타당성을 띠고 있어 순조로이 진행이 되었고 지체 없이 개교할 수 있었다. 많은 혜택이 있어 가난하고 성적이 좋은 학생들이 몰려들어 미래의 교육에 꿈과 기대를 걸 수 있었을 것이다. 나도 비록 교사를 하지는 않았지만 국립사범대를 졸업하고 나름대로 교육에 관심을 두고 있었지만 교원대를 곱게 보지 않았다. 당시가 전국교직원노동조합, 이른바 전교조활동이 불꽃처럼 솟아오르던 시기이기도 했다.

정권에 고분고분 잘 따르는 교사들을 길러내려나 보다 하는 생각이 컸다. 일반대학과는 달리 교육에 관한 특수대학이고, 졸업하면 거의 전원이 교육에 종사할 이들이니 심성도 조금은 달랐나 보다. 그 젊은이들을 도시와 격리된 전원풍의 넓은 학교에서 두 학년을 전원 기숙사에 살게 하니 고운 심성이 형성될 만도 하다. 좋은 환경에서 경제적 부담을 크게 느끼지 않으며 동질감이 큰 친구들과 4년여를 함께하는 것이 평생의 교육자 생활에 좋은 바탕이 될 수 있겠다고 생각했다. 세월과 함께 교원대는 연륜이 쌓여 명문이 되어가고 독재자는 권좌에서 물러나 감옥도 가고 백담사에서 한두 해를 지내기도 했다.

교원대가 알 수 없는 인연으로 우리 가정과 엮이고 있었다. 맏이가 영어교육과를 입학하고 한 해 걸러 둘째가 지리교육과에 들어갔다. 달갑게 여기지 않았던 학교의 혜택을 누리게 된 셈이다. 넓고 잘 가꿔진 학교와 괜찮은 기숙사, 자녀의 순박한 동료들을 볼 때, 많은 특혜를 받고 있음을 인정하지 않을 수 없었다. 자녀들이 그 학교를 다니니 학교가 친근하고 가까워졌다. 심심치 않게 둘러본 학교는 내면을 알 수는 없지만 견실했다. 맏이는 졸업 후에 적성에 맞지 않아 교사의 길을 가지 않았지만 둘째는 성실하게 교육자의 삶을 살고 있다. 계절과 함께 많은 꽃과 나무들이 풍경을 달리하니 학생들의 감성이 순수하고 가끔 찾아보는 시민들에게도 충분한 기분전환이 될 수 있겠다.

내 처지에서 하는 말이지만 아쉬움을 느끼는 것은 지속적으로 건물이 들어서고 있는 것 같아 학교가 조금씩 답답해지지 않을까 하는 면이다. 공간이 결국은 빈 곳에서 여유를 찾고 숨을 쉬는 것인데 빈 곳이 줄어들고 있다. 전망이 괜찮았던 곳에도 대단위 주택단지가 빼곡 들어서면 답답함이 밀려온다. 점점 숨통을 조여오는 듯 불편함을 느끼지 않을까 싶다.

최근 들어 교사들 위상이 떨어지고 교육이 위기를 맞고 있다. 학급에서 학생들 통제가 되지 않고 학부모들의 민원제기가 심해진다고 한다. 고위공직자 임명에 자주 등장하는 문제가 학교폭력이다. 가난한 가정의 공부 잘하는 학생들이 교사가 되어 또 다른 학생들의 꿈을 찾아내고 키워주던 학교가 점차 삭막하게 변해가는 것 같아 안타깝다. 학생들은 친구들과 협력하고 이해하기보다 경쟁하고 압력을 가하고, 교사들은 사명감을 가지고 제자들을 가르치고 이끌기보다 학생들에게 몸을 사리고 사고가 나지 않기만 바란다면 그 사회에 희망은 없다.

우리의 현실이 점차 비극적으로 되어가는 것 같아 걱정이다. 그 바탕에는 학생의 권익향상에 과도하게 힘을 실어주어 교권의 약화를 가져온 면을 인정하지 않을 수 없다. 더하여 급격한 사회변화로 졸부가 된 이들이 탄탄한 교양과 인격을 갖추지 못해 교사들에 대한 존경심이 급속히 약화된 면도 없지 않다. 교사를 진실로 존경하지 않으면

교사들로부터 참교육을 기대할 수 없다. 교사만으로는 온전한 교육을 이룰 수 없다. 학생과 교사와 학부모와 사회 전체가 힘을 모을 때 참교육을 기대할 수 있을 것이다. 근래에 우리 사회는 교사들이 자신의 생명을 경시하는 극히 위험한 일들을 여러 차례 겪었다. 그분들을 폄훼할 의도는 없다. 얼마나 고민이 컸으면 하나밖에 없는 목숨을 버리겠는가? 막다른 골목으로 교사들을 몰아넣은 모두의 잘못에 대해 용서를 구하는 것이 마땅하다. 그분들의 죽음에 무관한 이는 아무도 없다. 그렇지만 문제를 해결할 중요한 열쇠를 교사들이 쥐고 있는 것도 사실이다. 좀 더 강해지고 소명감으로 무장해 혼자가 안 되면 어떤 식으로 연대를 하든, 문제해결을 위해 지혜를 모아야 한다.

교육에서 희망을 찾지 못하면 그 사회에 무엇을 기대할 수 있을까? 우리의 미래에 최소한의 기대라도 걸기 위해서는 현재 힘을 가진 이들이 교육을 이용하려는 욕망을 버리고 교육을 지원해야 한다. 우리 사회의 시급한 문제인 지역 간 격차를 해소할 열쇠도 교육 속에서 찾아야 할 것 같다. 위기 속에서 희망을 보는 것은 가끔씩 지나가는 교원대에서 미래의 교사들을 일별할 때, 평안함과 든든함을 느낄 수 있다는 것이다.

어느 사회나 마지막 보루는 언제나 교육이다. 그 희망이 우리 주변에서 자라나고 그들의 심성과 바탕이 위기 속에서도 곱게 피어나기를 기도하며 긍정적으로 기대하고 있다. 우리, 나아가 인류의 희망이 가까이에서 자라고 있다.

국립 청주박물관

(내 나름 심혈을 기울여 찍은 청주국립박물관 사진)

청주의 이름난 저수지 명암지와 가까운 곳, 우암산 기슭에 자리 잡은 국립박물관이다. 유명한 건축가 김수근이 지었다. 건물이 멋있기도 하고 주변과 잘 어울리는 휴식공간으로도 그만이다. 예전에 경주 천마총 특별전에 가보았던 기억이 있고 여러 번 더 찾아가 보았다. 금속문화재를 특화해서 다루고 있다는데 왜 몰랐을까, 나의 무식이 한 번 더 드러나는 계기라 해야 할 것 같다.

예전에는 잘못된 기억인지 몰라도 비슷한 물건들을 진열하고 유사한 설명을 여러 박물관이 특징 없이 하고 있다고 생각했었다. 적어도 내게는 별 특색이 없게 받아들여진 것이다. 이번에는 고 이건희 삼성 회장 특별전으로 "어느 수집가의 초대"가 전시되고 있었다. 설명하는 이는 이번 전시품 중 가장 값나가는 것이 정선(鄭敾)의 "인왕제색도(仁王霽色圖)"라면서 천억 이상의 가격이라고 했다. 그 정도가 되면 가격의 추산이 무의미하다. 말 그대로 부르는 게 가격이고 원하는 이가 있으면 서로 의견조율이 값을 결정할 것이다.

나는 곰곰 생각해 보았다. 내게 그런 이야기를 하면서 천억 이상 가치가 있음을 객관적으로 증명하고 특별한 기회를 줄 테니 얼마면 살 마음이 있겠는가 물으면 어떻게 할까. 아마 정중히 그런 기회를 사양하겠다고, 살 마음이 전혀 없다고 할 것이다. 혼자 진지하게 얼마면 사겠냐고 스스로에게 묻는다면 나는 최대한 마음을 넓혀 20만 원을 제시할 것이다. 그 값에 그 그림을 집으로 가져가면 걸 곳이 없다고 산 것을 다시 후회할 것이다.

이 무슨 해괴한 망발인가? 이천 억이라도 살 사람이 있을지 모르는 것을, 길이 전할 인류의 재산이 될 그림에 대한 모독이라 할 이들이 적지 않으리라. 일제 강점기에 우리 문화재를 지키기 위해 자신의 재산을 아까워하지 않고 국보급 문화재를 사모아 간직하고 이 나라에 남아있게 한 간송 선생의 이야기도 알고 있다. 하지만 내게 그만한 재산이 있다면 나는 그렇게 하지 않았을 것이다. "아는 만큼 보인다"고도 하고 "본 만큼 알게 된다"고도 하지만 내가 그만큼 무식하고 그런 일을 내 일이라 생각하지 않는다는 게다.

내가 시간과 돈을 써야겠다고 판단하는 곳에 사용하는 것이지 내 분야도 아닌 곳에 끼어들 마음이 하나도 없다. 내 앞에서 명품을 걸치고 자랑한다면 아무 효과도 얻지 못할 것이다. 내가 명품을 모르기 때문이다. "비단 옷 입고 밤길 가기"인 셈이다. 내게 예술적인 눈이 결여된 것이다. 가끔은 삶의 여유를 찾기 위해 전시회 같은 곳에 가 보고 싶은데 그런 여유가 잘 생기지 않는다.

몇 년 전이었던 것 같다. 공예비엔날레가 열려 온 가족이 함께 갔었다. 관람을 마치고 내가 받은 느낌은 마치 속은 것 같았다. 내가 그 얘기를 했더니 아내의 의견도 같았다. 더 자신을 얻어서 자녀들에게 내 의견을 밝혔더니 그들은 아주 잘 보았고 지불한 이상의 유익을 얻었다고 했다.

왜 사람들은 박물관에 갈까? 특별전이 있다면 그에 대한 관심과 알고 싶은 것이 있어서일 것이다. 박물관에 가면 오랜 인류의 발자국을 보는 것 같다. 한없이 긴 세월이 흘러도 예전 세대로 갈수록 변화는 그리 심하지 않다. 구석기 시대가 몇 백만 년 이어졌는지 모른다. 인류의 출현을 기원전 삼백만 년이라 하면 신석기를 기원전 구천 년이라 해도 299만 천 년이 그 신석기 이전의 시대라는 것이다. 이렇게 변할 줄 모르던 인류가 21세기에 들어서자 묘사하기 어려운 속도로 달라지고 있다. 정신을 차리려면 지난날을 돌아보아야 한다.

지금 서 있는 곳을 알기 위해 과거의 자리를 돌아보고 미래를 점검해야 하는데 현재의 짐에 치여 돌아볼 여유가 없는 셈이다. 선조들이 느린 삶을 살아서 우리에게 현재의 환경을 물려주었다면 오늘을 사는 우리는 미래의 후손들이 살아가고 사용할 환경과 자원을 지나치게 훼손하고 남용하고 있다. 아껴서 최소한으로 사용하겠다는 자세가 아니라 그것들을 이용해서 많은 이득을 챙기고 편히 살다가 자녀들에게 많은 유산을 남겨주겠다고 결심한 이들 같다.

모두가 같은 기준의 목표를 향해 무한 질주를 펼치는 것이 어리석다는 것을 누가 알려줄 수 있을까. 말없이 온 힘을 다해 절벽을 향해 달려가는 것 같고 앞서 뛰는 이들을 부러워하고 찬양하고 위인이라 기린다. 그 길이 아니라고 천천히 쉬면서 생각해보다가 거꾸로 오던 길을 돌아가야 한다는 것을 알려주지 않는다. 선각자들이 위험을 알려도 듣지 않는다. 알리는 이들에게도 심각한 표정이 없다. 이제는 아무리 심각한 사실이라도 '나도 이미 알고 있다'는 반응을 예상해야 한다. 심각하지만 더 악화되는 길로 달리는 것을 멈추지 못한다.

방문한 박물관에서 무엇을 야심차게 준비하는지 설문지를 작성해 달라고 요청한다. 멋모르고 받아든 설문지가 두툼하다. 무언가를 기대하고 준비했을 터인데 민망하다. 기본적인 자료가 있어야 하는데 몇 년 내로 방문한 기억이 없으니 답하기 쉽지 않다. 겨우 작성하여

건네주니 답례품을 준다. 쓰여 있는 것을 보니 '매니큐어'란다. 나 같은 이는 사용하지 않는 것을 주면 어쩌란 말인가? 집에 돌아와 투덜대며 아내에게 내밀었더니 꼭 필요한 손톱 깎기 종류라며 반긴다. 어찌 이렇게 제대로 알아보는 눈이 없는가.

하루하루 서민의 삶을 이어가는 데 박물관은 도움이 되지 않는다. 돈을 버는데도 크게 유익할 것 같지 않다. 하지만 그 지역을 알려면, 그곳의 현재를 제대로 알고 싶으면 전문가들이 힘들여 선정하고 진열해 놓은 그 지역 박물관을 찾아 살펴보아야 한다. 국립청주박물관도 허투루 볼 수 없는 더없이 소중한 곳이다.

청주 고인쇄박물관

    청주의 상징이 '직지'였다. 그 직지가 인쇄된 곳에 세워진 박물관이 청주 고인쇄박물관이다. 흥덕사와 직지가 세계적인 명소가 되었다. 어떻게 청주에 이런 시설이 들어서고 인류사에 길이 남을 책이 이곳에서 만들어졌을까? 유사 이래 그 어느 때에 우리 지역이 한 정치집단의 중심지로 떠오른 적이 있었을까? 나는 바로 그 면에 이 문

(직지심체요절이 인쇄된 흥덕사를 예상한 모습)

제의 답이 숨어있지 않을까 생각한다.

　당대의 사람들이 국가나 한 집단을 운영하는데 중요하게 여기는 순서가 어떻게 될까. 모르긴 해도 정치 경제 군사 교육 문화…. 같이 되어 지리라. 세월이 흐른 후에는 순서가 꼭 그와 같지 않을 수도 있을 것이다. 유구한 세월이 흐르고 인류에게 남는 것은 문화로 총칭되는 문학 음악 미술이 될 것 같다. 문화예술인들은 어느 시대나 그들이 사는 때에는 크게 대우받지 못했다. 문화에 역점을 둔다고 하지만 늘 뒤로 밀리기 일쑤였다.

　오늘의 현실로 시점을 옮겨놓으면 보다 확실해지는데 유력한 이들이 대통령이나 국회의원이 되기 위해 애쓰고 노력하는 것을 보면 쉽게 알 수 있다. 그 다음 순위가 경제다. 선거 때마다 큰 문제로 다가오는 것이 경제며 권력은 정해진 임기가 있지만 경제는 정한 임기가 없다. 우리가 살아가는 사회를 자본주의라 하지 않는가. 자본을 중심으로 돌아가는 사회란 뜻이다. 한 나라의 힘의 궁극적 근원이 군사력에 있다. 그래서 예전부터 국가 목표는 한결같이 부국강병(富國強兵)이었다. 경제력과 군사력에 중점을 두었고 그 일을 이루는 것을 정치라고 여겼다. 그것을 이론적으로 또 지속해서 가능하게 하는 것이 교육이었다. 교육은 당해 세대와 다음 세대를 장악하는 강력한 방법이었다.

　이러한 중심에서 일정 거리를 유지하는 이들이 예술인들이었다. 정치 경제 군사가 직접적이라면 그 다음이 교육이요 마지막이 문화

예술이어서 경계가 느슨하고 생사를 건 다툼도 크게 일어나지 않는다. 하지만 뜻이 있는 이들은 평생을 두고 흔들리지 않고 예술 활동을 이어간다. 이 모든 것들 전체를 아울러 문화랄 수 있지만 문화의 수준은 예술 활동에 크게 의존한다. 세월과 함께 사상과 감정의 기초를 좌우하는 것이 문화이기 때문이다.

이런 문화는 하루아침에 높아질 수 없고 한 가지만 우뚝 솟아나기 어렵다. 1377년 금속활자로 인쇄한 현존하는 가장 오래된 '직지'라고 부르는 책은 조금 길게는 "직지심체요절" 더 정확히는 "백운화상초록불조직지심체요절"이라 하는 서적이다. 그것을 청주 흥덕사에서 출간했다는 것은 인류의 역사가 기억해야 할 참으로 대단한 일이다.

이런 "직지"가 공적으로 인정받기까지 수고한 이들이 한둘이 아닐 것이다. 이 귀한 문서를 이 땅에서는 찾아내지 못해 프랑스 국립도서관 서고에서 발굴해 지속적으로 알리고 드러낸 박병선이란 분이 있었다. 그런가 하면 직지를 세계기록유산으로 등재하기 위해 군사작전을 펼치듯 수고한 이들도 있었다 한다. 아무리 좋은 것이 있다 해도 낭중지추(囊中之錐)라고 그냥 알려지는 시대가 아니다. 예전 같은 폐쇄적 농경사회가 아니니 뜻있는 이들이 나서서 일을 이루어 나가야 한다. 이런 기회를 청주는 놓치지 않고 잘 활용한 것이다.

금속활자로 인쇄한 책이 있어도 간행한 곳이 특정되지 않으면 조금은 힘이 빠질 수 있었다. 1985년에 서원부흥덕사(西原府興德寺)란 문구가 새겨진 금구(禁口)와 황통십년흥덕사(皇統十年興德寺)라고 음각

된 청동주발이 발견되었다. 그런 과정을 거쳐 흥덕사 터를 확인해 옛 모습의 한 부분을 복원하고 고인쇄박물관을 건립했다. 청주가 세계적인 기록문화의 도시임을 보여줄 기본 토대를 갖출 수 있게 된 것이다.

문자가 인류에게 끼친 영향을 어떻게 설명할 수 있을까? 그에 버금가게 대단한 것이 금속활자의 발명이요 그를 활용한 책의 간행이다. 세계는 그러한 문화 발전이 서구 위주로 이루어져 왔다고 믿고 1455년 간행한 42행 구텐베르그 라틴어 성경을 주목했지만 동양의 한 나라 고려의 한 지역 청주 흥덕사에서 1377년에 그러니까 78년 전에 이미 금속활자로 "백운화상초록불조직지심체요절"을 출간했다. 그만큼 우리는 문화민족이요 책의 나라였다.

고인쇄박물관을 돌아보며 아쉬움이 들기도 했다. 그런 찬란한 문화를 가졌던 선조들을 이어 후손들도 문화수준을 지속적으로 쌓아올렸으면 얼마나 좋았을까 하는 점이다. 20세기 말부터 우리에게 빛이 드는 시대가 서서히 다가오고 있다. 세계가 한국을 바라보고 뭔가를 기대한다. 문화로 상징되는 각 분야에서 민족의 역량이 크게 드러나고 있다. 이제 우리나라 가운데서도 충청북도 그리고 청주가 세계의 이목을 집중시키는 시기가 다가오고 있다는 강한 느낌을 받는다. 마치 바닷가 항구를 비추는 등대의 불빛처럼 그 행렬이 이곳에 닿을 때 무언가 대단한 것을 보여줄 수 있으면 좋겠다.

고인쇄박물관에서 보다 의미 있고 다양한 것을 세계인들에게 보여주고 인상 깊게 할 수는 없을까? 박물관과 연계한 많은 것들을 연구 개발하여 스쳐 지나는 곳이 아닌 며칠을 머물며 돌아볼 수 있는 도시가 되었으면 좋겠다. 많은 것의 출발이 있는 도시로, 인쇄문화를 이끈 직지가 있고, 농경의 꽃이라 할 벼농사의 선두에 선 소로리 볍씨가 있고, 구석기 시대 아이라는 두루봉동굴의 흥수아이가 있다. 이런 것들을 함께 홍보하고 둘러볼 수 있는 것들을 세밀히 만들면 청주는, 찾고 싶은 도시, 살고 싶은 곳이 되지 않을까. 고인쇄박물관에서 직지를 제외하면 무엇이 남을까 하는 노파심을 강하게 안고 돌아왔다.

▎일상과 죽음 - 백제유물전시관

지번 행정구역으로 신봉동이란다. 명확한 구분은 안 되지만 농수산물 시장 아래에 있었다. 그 부근을 오가면서 언젠가 들러보아야지 결심을 했지만 미루기만 하다가 드디어 찾아갔다. 도시 속 한적함이 느껴진다. 주거 밀집 지역에 울타리를 사이에 두고 이렇게 서로 다를 수 있다는 것이 실감나지 않는다. 오후의 눈부신 햇살 속에 일본인들

(밖에서 바라본 백제 유물 전시관)

의 말소리가 들린다. 한가한 내부에는 해설사와 함께 전시관을 도는 듯한 연만한 일본인들이 눈에 띈다. 한동안 이어진 반일감정으로 저항감이 가슴속에서 스멀스멀 올라온다.

　빈약한 역사지식이 아쉽기도 하지만 내게는 큰 차별성이 다가오지 않는다. 여러 무덤에 대한 설명과 그곳에서 나온 부장품들이 진열되어 있고 그에 관해 기록된 해설이 감동적으로 다가오지 않는다. 청주 땅이 마한에 속했다고 한다. 백제의 영역이 확대되면서 청주에 그 영향력이 닿고 이곳에 그들이 살아가고 문화를 가꾸어가며 그 흔적이 많이 남아있나 보다. 그 후로는 신라의 힘이 강해지자 신라의 흔적도 남았다고 한다. 누가 그 지역의 지배자가 되느냐에 따라 문화가 달라지나 보다.

　무덤과 그 부장품, 죽음을 생각하지 않을 수 없다. 무덤을 만들면서 당시 사람들은 무슨 생각을 했을까? 이 땅에서 더 이상 그들의 활동을 볼 수 없고 목소리를 들을 수 없다는 것이 슬픔이었을까, 안도감이었을까? 얼마 전까지만 해도 기세등등하거나 살갑던 이들이 숨을 멈추고 움직이지 않을 때, 여러 가지 감정들이 교차했을 것이다.

　그들의 무덤을 보면서 옛사람들이 죽음을 가볍게 여기지 않았음을 알게 되었다. 삶이 힘겹지 않았던 과거가 있었던가? 그 팍팍함 속에서 땅을 마련하고 관을 준비하고 일꾼들을 일으켜 무덤을 만드는 일이 간단치는 않았을 것이다. 죽음을 맞은 이들을 그 언젠가 미래에 다시 만날 것으로 예상하고 한 살림을 차려 융숭히 그들을 모셨고 보내드렸다. 이 모순적인 표현에 조상들의 세계관이 담기지 않았을까?

　이 땅의 삶을 마쳤지만 이 땅의 생활과 무관하지 않아 그들을 거스르면 좋지 않은 일들이 생기고 그들이 도와주면 이루어지기 어려운 일들도 잘될 수 있다고 믿었던 것 같다. 죽어서 영향력이 오히려 강해진 존재가 선조들이었는지 모른다. 마을 뒷산의 명당은 그들에게 바쳐야 했다. 그들의 삶이 끝이 아니라 자리를 옮긴 다른 차원의 삶이 이어지기에 땅에서 필요한 것들을 부장품으로 묻었다. 부장품에서 많은 것들을 찾아볼 수 있겠지만 내게 쉽게 자주 눈에 띄는 것은 그릇들이었다.

　다가올 날들을 위해 물건을 저장하고, 먹을 것들을 담아 식생활을 이어가기 위해 필요한 것들을 그들과 함께 묻은 것에서 또 다른 삶에서 끊임없이 먹고 마시는 일이 이어지리라는 그들의 상상을 읽을 수 있다. 선조들이 꿈꾸었던 또 다른 세상이 도교나 불교에서 말하는 구체적인 곳이거나 막연한 추측일 수도 있다. 주변 분들이 다 그렇게 하니 자신의 부모님이나 친지만 허술하게 혹은 쓸쓸하게 할 수 없어 따라 하는 이들도 있었을 것이다. 마을 사람들과 지인들의 비난이 두렵고 언제 닥칠지 모르는 막연한 재앙을 떠올렸을 수도 있다. 여하튼 죽음은 특별한 경험이었음에 틀림없다.

　선조들의 무덤과 부장품을 대하며 오늘을 생각해 본다. 죽음과 그 이후에 대한 지식과 정보에 대해 현대인들은 더 많은 것을 알고 있다고 생각한다. 죽음 이후에는 아무 것도 없다. 더 이상의 세계가 없다.

오늘날 많은 부장품을 무덤 속에 넣는 이들을 본 적이 없다. 무덤의 면적이 점점 줄어들고 국토의 면적을 무덤이 잠식한다고 여겨 화장하는 것이 대세가 되어 이제는 거리낌 없이 화장을 거쳐 유골함을 봉안소에 놓는 것이 일반적인 장례가 되었다.

장례식도 슬프지 않다. 50년 전만 해도 마을 사람들이 모두 알고 마을의 행사였던 장례가 간소화를 거듭하여 알리지 않으면 옆집도 모르는 일이 되고 슬피 우는 일도 사라진 채 하나의 과정으로서 치러지고 많은 일들이 산 자들 중심이 되었다. 나는 현재의 장례가 바른 것인지 잘 알지 못한다. 죽은 이들의 또 다른 세계에 관심을 기울이지 않으니 자신의 생활에서도 피안의 세계에 무감각한 것은 아닌가 생각한다.

천여 년 전 백제시대의 무덤에서 우리가 발견한 것들은 무엇이었을까? 무덤 양식과 부장품뿐이었을까. 그들은 이 땅의 삶 이후를 염두에 두고, 죽음으로 헤어진 이들을 다시 만날 것으로 알아 이 땅의 삶을 더 조심해서 바르게 살려 하지 않았을까. 그들이 죽은 이들의 장례에 들인 것 이상으로 정서적 유익을 누린 것은 아니었을까. 오늘 죽은 이들을 떠나보내는 의식이 너무 살아남은 이들 중심은 아닌가를 생각해 보게 한다.

죽음 이후의 세계를 경험해 본 이들이 더러 있다고 하나 그것을 일반화하기에는 일정 정도 거리감이 있다. 그렇다고 전혀 그런 세상이 없다 하면 허전함과 불안감이 없을까? 그런 것은 과학과 합리의

일상과 죽음 - 백제유물전시관 | 159

영역이 아니라 종교와 신앙의 영역으로 남겨두어야 하지 않을까? 어쩌면 모든 것을 계량하고 눈으로 보아야 인정하려는 현대인의 습성이 문제인지 모른다.

　우리가 예전의 무덤을 발견하고 발굴하면서 느끼는 기대와 긴장감을 후세 사람들이 우리의 봉안소에서 느낄 수 있을까. 현대의 신앙과 정서를 후세인들은 오늘의 미술과 문학에서나 느낄 수 있을지 모른다. 죽음은 누구에게나 미지의 존재다. 나는 백제유물전시관에 가서 그분들의 삶과 죽음을 느껴 보았다.

▎문의 문화재단지

　상당구 문의면에 사라져가는 전통문화를 재현해 놓은 문의 문화재단지가 있다. 많은 이들이 관람을 하고 학생들이 문화체험을 가기도 한다. 청주시의 관광여정에 소개되고 들어 있다. 1997년 사만여 평의 부지 위에 조성했는데 수몰된 곳이 한눈에 보인다. 여러 시설들이 있지만 보아도 잘 모르겠는 것이 있고 보고 난 후에 곧 잊히는 것들도 있다. 앞선 세대들이 이렇게 살았다는 게다. 현재의 생활에서 자주 대하는 것들이 아니어서 어떤 의미를 새겨야 하는지 아리송하다. 옛날 민가와 양반가옥을 보고 무엇을 느낄 수 있을까?

　문화재단지 내에 조성해 놓은 시묘살이 여막과 유물문화전시관의 홍수아이가 흥미롭다. 2대에 걸쳐 실제적인 시묘살이를 한 분의 묘지 옆 실제 시묘 모습을 재현해 놓았다. 급격히 변화하는 삶에서 혼돈스럽다. 무엇을 이어가고 변화시켜야 하는가? 고층아파트에서 밀집된 인구가 살아가는 이때에 온돌의 지혜로 무엇을 어쩌자는 것인가? 돌이킬 수 없는 흘러간 물이라는 생각이 떠나지 않는다. 오늘과 같은 산업화사회에 삼 년의 시묘를 제대로 마칠 수 있는 이가 누구일까? 하고 싶어도 할 수 없는 일이다.

다니는 직장을 잃고 경력 단절을 경험할 것이다. 조선 같은 시대에는 어떻게 가능했을까? 그 시대의 독특한 사회구조 때문이었다. 양반 자제들에게 요구되는 일은 공부 외에 아무 것도 없었다. 나라의 현직에 종사하는 이가 있으면 국가로부터 봉록이 주어지고 기본적인 재산이 있어 육체노동에서 제외될 수 있었고 생산 활동에 참여하지 않아도 경제생활에 지장이 없었다. 오히려 공부에 매진하고 양반가 동료들과 교우관계를 맺는 데 힘쓰도록 권유받았을 것이다.

공부에 흥미나 큰 진전이 없다면 시묘살이는 한동안 공부의 부담과 압박에서 벗어나는 좋은 구실이 될 수도 있었을 것이다. 이러한 경제구조는 나름대로 기여하는 바도 있어서 양반들의 문화를 격상시키고 학문의 수준을 한껏 높일 수 있었을 것이다. 그러나 그 바탕에 양반들과 같은 기회조차 박탈당하고, 생산 활동에 전념해야 했던 하층민들의 피와 땀과 한숨이 있었음을 잊어서는 안 된다. 그 긴 시묘살이를 통해 양반들이 얻는 것과 그 사회의 득이 되는 것은 무엇이었을까?

양반들은 효성이 지극하다는 그 시대 최고의 인정과 찬사를 받았고 가부장적 사회질서를 유지할 수 있었다. 기득권을 더욱 공고히 한 것이다. 다른 어떤 활동으로 얻을 수 없는 강력하고 의미 있는 성과를 거둘 수 있으니 계속해서 하지 않을 이유가 없다. 모든 관계인들이 지켜보고 인정하는 가운데 무언의 권위와 질서가 차곡차곡 쌓여가고 있었던 것이다.

문의라는 지명은 어떤 의미를 갖는가? 문의(文義)는 글과 도리다. 글을 알고 인간의 도리를 안다면 그에서 무엇을 더 요구할 것인가? 문장과 의리로 바꾸어 놓아도 조금도 어색하지 않다. 문의에 이러한 가르침이 살아있는 것을 어찌 우연이라고 할 수 있는가?

조금 떨어져 세워져 있는 문화유물전시관에는 더 놀라운 사실이 있어 잘 믿어지지 않는다. 이 지역의 두루봉 동굴에서 흥수아이라고 이름 붙여진 아이를 발굴했는데 삼만 년 전 아이라고 한다. 삼만 년 전을 쉽게 실감할 수 없을 테니 상식을 좇아 한 세대를 30년이라고 해보자. 그렇게 계산하면 천 세대다. 현실감이 결여된 채로 막연히 단기(檀基)를 따질 때 지금 사용하고 있는 서기에 2333년을 더한다. 그렇게 단군이 나라를 세운 것이 4356년 전이다. 30,000년이면 단군의 시작보다 일곱 배가량 더 옛날 일이다.

이 아이의 화석이 온전히 남아있다. 안타깝게도 어린 나이에 죽어 광산에 묻혀 긴 세월 마모되지 않고 동물의 화석들과 함께 출토되었다. 아이에게 당시 발견한 이의 이름을 부여해 흥수아이라고 부른다. 그때 벌써 매장을 했고 국화꽃이 함께 묻혔다는 것이다. 나는 아무 근거 없이 그 사실을 의심하고 싶어진다. 무언가 아귀가 맞지 않는 느낌을 받는다.

그 아이를 중심으로 문화유물전시관이 꾸려져 있다. 우리가 살고 있는 지역이 대단하다고 생각되지 않는가? 흥수아이에 소로리 볍씨를 더하면 온통 우리나라의 역사와 비긴다 해도 과히 눌리지 않을 게다. 게다가 직지를 더하면 청주야말로 시작의 땅이다. 생명과 양식과 문화가 다 이 땅에서 싹트고 자라났다 하겠다. 한반도 좁은 땅과 공간에서 얼마간 앞서고 뒤섬이 무슨 의미가 있겠나 싶은 생각이 서서히 차오르기도 한다.

삶과 죽음은 누구에게나 신비하고 두렵다. 어린 아이를 잃은 부모의 마음은 구석기와 신석기가 다르지 않고 옛날과 오늘이 차이가 없을 것이다. 아이를 보내면서 슬퍼하지 않을 부모는 없다. 꽃을 뿌리며 그들은 서로 헤어졌다. 당시와 오늘의 의식이 크게 다르지 않다. 사람들은 삶이 고단하고 죽음이 두려워서 종교를 만들었는지 모른다.

고대로 올라갈수록 제정일치 사회를 보여주고 있다. 아이가 살아갈 즈음에는 한 가족단위의 삶이 이어지고 있었는지 모른다. 21세기도 중반으로 향하는 현 시점에서 보는 문화가 변화하는 속도는 너무 빠르다. 삼만 년 전의 변화속도를 상상해보면 몇 천 년의 변화가 오늘의 몇 년보다 많았다고 할 수 있을까? 문의 문화재단지가 우리에게 알려주는 것은 이 땅이 시작의 지점이 될 수 있다는 것이다. 때론 옷깃을 경건히 여미고 한 번쯤은 문의로 가 볼 일이다.

V.
이 땅의 현실과 인문의 삶

- 신숙주와 묵정영당(墨井影堂)
- 현실 직시하기 – 최명길 신도비
- 무심천변 카페 150
- 근본 되새기기 – 신항서원
- 가경동 발산공원에서
- 변두리 그림 정원 – 운보의 집
- 초정약수와 초정행궁
- 덕성이용원
- 오래된 책 나라 – 중앙동 헌 책방
- 이 탑이 있어 탑동이다

▌신숙주와 묵정영당(墨井影堂)

　상당구 낭성면에 보한재(保閑齋) 신숙주 선생의 '영정을 모신 집'인 영당(影堂)이 있는데 묵정영당이다. 묵정과 관련된 것을 찾아보니 묵정사(墨井祠)와 묵정서원(墨井書院)이 있다. 신숙주를 필두로 고령 신씨들 중심의 사당이요 교육기관이다. 묵정은 마을 이름으로 '먹 우물'이라 풀이할 수 있다. 마을 자랑비에 따르면 신비한 우물이 있었는데 맑은 물을 떠서 보면 먹물 같아서 묵정이라 했다고 한다. 행정 명칭도 관정리(官井里)여서 우물과 여러모로 연관이 있는 것으로 생각된다.

　'신숙주' 하면 세종대왕과 한글창제 집현전 같은 어휘들이 따라 나온다. 함께 공부하고 애쓰던 동료들 다수가 계유정난(癸酉靖難)에 반대하고 사육신과 생육신으로 죽고, 살다간 것을 기억하면 많은 생각을 하게 되고 옳고 그른 것을 판단하는 게 쉽지 않음을 느낀다. 조선이 건국되고 60여 년밖에 되지 않았으니 안정됐다고 하긴 어려웠을 게다. 왕자의 난으로 세찬 소용돌이가 휩쓸고 지나가고 어진 임금

(문이 잠겨있어 담장 너머로 찍은 신숙주의 영정이 모셔진 묵정영당)

세종의 치세로 나라가 어느 정도 안정을 이뤘다고 여겼을 테지만 세종이 죽자 왕이 된 문종이 몸이 약하여 2년여 만에 세상을 떠나고 열두 살 어린 단종이 왕위에 오른다. 그것이 1451년이다.

어린 왕이 나라를 이끌어나가는 것이 왕의 친척어른들이나 나이든 신하들의 마음에 흡족할 수는 없었을 것이다. 나라의 살림살이는 항상 어려운 위기의 연속이지 언제라고 바람 잘 날 있었을까? 일 만들기 좋아하며 말 많은 이들은 나라를 걱정하고 백성들을 위하는 척하며 대신들을 부추기고 그 중심에 나중에 세조가 되는 수양대군이 있었다. 요동치는 정치판에서 신숙주라고 그 흐름을 몰랐을 리 없다. 많은 생각과 고민을 거듭하는 그에게 적극적으로 접근해 설득하는 이도 없진 않았을 것이다.

계유정난이 일어나고 조카를 밀어내고 삼촌인 수양이 실권을 쥐고 흔들 때, 유교와 성리학을 목숨처럼 알던 선비들의 혼란은 극에 달했으리라. 충효와 의리와 명분을 생명처럼 여기는 선비들에게 자신들의 가치가 부정당한 현실에서 그 일을 자행한 이들과 얼굴을 맞대며 살아가는 것은 고통이었을 것이다. 의롭지 못함에 울분을 억누르고 있던 이들이 단종을 복위시킬 계획을 세우나 거사는 성공하지 못한다. 가담했던 이들은 일시에 대역 죄인이 되고 추국을 거쳐 형장의 이슬로 사라지기도 하고 초야에 숨어들어 평생 벼슬을 하지 않고 죽음을 맞기도 했다.

세종부터 성종에 이르기까지 여섯 왕을 모시며 나라의 기초를 다지고 안정을 위해 일했던 보한재, 그를 한두 마디로 평가하기는 어려울 게다. 한순간으로 전체를 판단하기 어렵고 일생은 긴 것이어서 선택과 결정의 순간마다 쉽지는 않았으리라. 평생이라 한들 그러한 순간이 몇 번이나 올까마는 확고한 신념과 사고의 체계를 갖고 있어도 고민이 없을 수 없다. 식탁에서 자주 대하는 콩나물과 비슷한 숙주나물이 있다. 무침이나 육개장에 자주 사용하는 쉽게 상하는 나물을 숙주라고 부르며 많은 이들이 보한재의 처신을 풍자하고 비꼬았을 때, 그도 편하지만은 않았을 것이다.

사육신으로 생을 마친 이들의 삶도 귀하고 의미 있지만 보한재 같은 처세를 덮어놓고 비난만 할 수는 없다. 어쩌면 대의를 따라 거사에 참여하고 발각되어 심문받고 고난당하다 목숨을 잃은 것은 비극이지만 짧은 기간에 붉은 마음을 보여주고 칭송받으며 삶을 마감할 수 있었다. 그들을 향해서 누구도 비난의 화살을 쏠 수는 없다.

그렇지만 수치스럽다고 모두 목숨을 끊고 삶을 마감할 수는 없다. 청나라에 항복했다고, 일제에 나라를 빼앗겼다고 국민 모두가 자결할 수는 없다. 떳떳하지 못한 순간을 누군가는 모멸을 당하면서도 살아남아야 하고 그 일을 증언하고 다시 국권을 회복해 후손들에게 이 나라를 물려주어 영광스런 조국을 이루어가도록 기회를 주어야 한다. 당당하게 처신하고 죽음을 받아들일 것인가, 수치와 모멸을 견디고 역사를 이어가 후손들에게 물려줄 것인가는 온전히 본인의 선택에 맡길 일이다.

묵정영당을 세워 보존하고 그곳을 찾는 이들이 있다는 것은 무엇을 의미하는 것일까? 보한재를 기억하고 그의 삶과 일생을 통해 사색하고 교훈을 삼을 어떤 것들을 찾아낸다는 것일 게다. 고령 신씨 문중에서 그를 기리는 것은 잘못도 물론 있겠지만 가문을 빛내준 면들이 적지 않다는 것을 밖으로 선언하는 것이 아니고 무엇인가? 보한재는 자신의 재능과 지식으로 긴 세월을 조선의 왕과 백성들을 섬기고 그들의 삶에 기여하며 살다 간 것이다.

모든 것을 한 가지 기준으로 평가하고 줄 세우는 것은 불행한 일이다. 사람마다 지문과 목소리가 다르듯, 다양한 시각과 사고로 판단하고 결정하며 그 결과를 스스로 책임지면서 살아간다. 모두의 재능이 다르고 하는 일이 다양하듯 그들이 모여 커다랗고 다채로운 세상을 이룬다. 근본적 판단이 그르지 않고 다른 이들에게 피해를 끼치지 않는다면 자신의 신념대로 행할 수 있는 것이 우리 사회와 인간의 장점이자 특권이다.

　찾아간 낭성의 하늘은 푸르고 묵정영당 주변에는 무언가 또 다른 공사가 진행되고 있었다. 그분들의 문중이 더 창성해지는 것 같아서 말은 하지 않았지만 축하라도 건네고픈 심정이었다. 푸른 하늘만 계속될 수는 없는 것처럼 영욕의 역사가 두껍게 쌓이며 뼈대가 있고 전통이 서는 가문과 사회가 되어가는 것 아닌가 생각을 하며 묵정영당을 떠나왔다. 과연 먹물의 이미지는 무엇인가?

현실 직시하기 - 최명길 신도비

청원구 북이면에는 조선의 대단한 신하 지천(遲川) 최명길(崔鳴吉) 신도비가 있다. 그는 정묘호란과 병자호란을 겪는다. 두 난리를 만나기 전에 광해군의 정치를 보게 되고 인조반정에 적극적으로 개입해 나라의 주인을 바꾸고 정사공신(靖社功臣)이 된다. 1627년에 정묘호란(丁卯胡亂), 1636년에는 병자호란(丙子胡亂)으로 위기를 맞는다. 그의

(지천 최명길 묘소, 좌우에 있는 것은 두 부인의 묘소다.)

호가 왜 지천(遲川)일까? '더디 흐르는 개울물'이니 서두르지 않고 상황을 제대로 파악하여 바르게 나아가겠다'는 자신과의 다짐이었는지 모른다.

　지천의 무덤주변은 넓었다. 200여 평이라고 한다. 어딘가를 다니다 보면 버짐이 핀 것처럼 혹은 원형탈모증에 걸린 것처럼 산에 나무가 베어진 곳을 보면 그곳에 일쑤 묘소가 자리하고 있었다. 관직에 있던 이들의 묘소를 자주 대하지 않았으니 이백 평이 묘소로서 넓은 것인지 판단하기 어렵다. 하지만 살아있는 이들도 한 가족이 그만한 땅을 갖기 어려운 현실을 생각하면 넓다고 하지 않을 수 없다. 그의 무덤 좌우로 두 기의 무덤이 더 있는데 부인의 무덤이라고 한다. 그러니 무덤 세 기가 품(品)자 형태로 있는 것이다. 나란히 있는 것이 아니라 지천의 무덤이 안으로 들어가고 두 부인의 묘가 앞으로 돌출된 형상이다. 죽어서도 두 부인이 사이가 좋을까 걱정스럽다.

　소설 『남한산성』으로, 같은 제목의 영화로도 많이 알려졌듯이 최명길은 두 번의 전쟁에서 청음(淸陰) 김상헌(金尙憲)과 치열한 논쟁을 벌인다. 최명길은 왜 청과의 화의를 그렇게 역설했을까? 그의 주장은 인기가 없었고 동조자가 적었다. 그는 한동안 매국노로 몰렸고 숱한 비난을 받아야 했다. 현실보다 명분을 중시하는 분위기를 몰랐을까? 그럴 리 없었을 것이다. 죽음으로 싸우자고 하는 발언은 대세였고 따돌림을 당할 위험성도 없었다.

　어떤 자리에서건 선명한 논리에 대의가 반듯하고 목소리가 크면 인정을 받고 대세를 장악할 수 있다. 그 자리의 분위기를 따라 같은 이야기를 하면 미움 받을 이유가 없다. 지천 같은 이가 그런 기초적인 것을 모를 리 없는데 처세는 왜 반대로 했을까? 싸우자고 주장을 했던 이들이 사실은 소심한 겁쟁이들이다. 싸우자고 결론을 내려도 그들 중에 몇이나 칼과 활을 들고 싸움터로 나갈까. 싸움마당에 나간다 해도 그들은 전투의 최전선에 나서지 않을 것이다.

그들은 안전이 확보된 이들이다. 화의를 맺고 항복을 한다 해도 크게 잃을 것이 있을 것 같지 않다. 어려움을 당하는 이들은 언제나 백성들이고 그중에서도 서민들이다. 전쟁터에 나가서 싸워도 그들이고 죽임을 당하는 것도 백성들이다. 재산의 피해를 입고 농사를 망쳐도 그 피해는 고스란히 백성들 몫이다. 부모를 잃는 것도 자녀가 끌려가는 것도 백성들 피해가 가장 크다.

대의와 명분으로 현실에 대처하는 것은 백성을 위험으로 몰아넣는 것임을 지천은 알았다. 명(明)은 지는 해요 청(淸)이 떠오르는 태양임도 잘 알았다. 청과 맞붙어 승산이 없고 조국 강토와 백성의 피해만 막심할 것이었다. 그러니 싸우자고 할 수 없었다. 백성의 어버이로서 차라리 임금이 수치를 당하고 벼슬아치들이 고통을 겪는 것이 백성들을 향해 떳떳한 일이었다.

냉혹한 현실 앞에 대의는 얼마나 허망한 것인가. 현실을 부정하고 대의를 내세우며 한두 사람이 피를 토하고 목숨을 버린들 무슨 도움이 되는가? 나라가 살고 백성이 살아야 내일을 도모해 볼 수 있다.

지천은 치욕스러운 항복문서를 작성한다. 울분에 찬 청음은 항복문서를 찢고 지천은 그것들을 다시 모아 붙였다고 한다. 항복이 이루어지고 인조는 치욕스런 삼배구고두례(三拜九叩頭禮)를 홍타이지에게 행한다.

효종은 청나라에 끌려가 8년 동안 볼모의 삶을 살다 귀국한다. 김상헌도 최명길도 청에 한동안 감금당한 후에 풀려난다. 그들은 청나라 감옥에서 서로의 진심을 확인하고 화해를 했다. 둘은 모두 소신을 따라 산 것이며 그들로서는 자신의 행동이 애국이라 생각했다. 지천은 파란만장한 일생을 살았으며 많은 이들로부터 손가락질을 당하며 살았다. 그래도 자신의 결정을 후회하지 않았으리라. 관리라면 지도자라면, 지천처럼 살아야 한다고 생각한다.

인조는 지천의 진심을 이해했나 보다. 지천은 우의정, 좌의정을 거쳐 영의정까지 벼슬을 하며 나라와 백성을 살핀다. 아마 지천의 문중에서 가장 출세한 인물이지 싶다. 살다보면 다른 이들의 눈치를 보아야 하는 순간이 왜 없겠는가? 그렇지만 결정적인 순간, 아니다 싶을 때에는 냉철한 판단을 근거로 확실한 결단을 내려야 한다. 그 영향이 많은 사람에게 미치는 일일수록 더욱 그러하다. 내가 손해보고 다른 많은 이들이 유익을 누리는 결정을 해야 한다.

어디서 태어나는가는 중요하다. 그곳이 그의 출신이 된다. 그 일에는 개인이 할 수 있는 일이 아무 것도 없다. 출신을 근거로 해서 결정되는 일이 너무 많다. 합리적이라 할 수 있을까? 하지만 그게 현실과 가깝다는 것을 부인하기 어렵다. 이 벗어나기 어려운 지연 학연 혈연에서 자유로울 수 있는 이가 누구이며 얼마나 될까? 이런 비본질적인 것이 중요한 일을 그르치게 하는 일이 많지 않은가. 이런 것들이 성숙한 사회로 가는 것을 막는 걸림돌이 아닐까?

태어나는 것 못지않게 의미 있는 것이 어디에 묻히는가이다. 출생이 개인의 의지와 무관하다면 묻히는 것은 어느 정도 선택이 가능하다. 지천(遲川)은 이 지역에 고단한 몸을 눕혔다. 그가 우리에게 전하려는 것은 무엇일까? 우리 곁에 묻힌 그에게서 우리가 배울 것은 어떤 것인가? 정확한 판단과 결정이다.

▎무심천변 카페 150

　무심천은 청주의 상징이자 시민들 공동의 자산이요 추억의 공간이다. 산책을 하거나 자전거로 천변을 돌아보는 것은 상쾌한 일이다. 천변을 따라 걸으며 마음을 추스르고 사색할 수 있는 곳이 여러 곳 있었으면 좋겠다. 무심천을 따라 일주할 기회가 없어 천의 시작과 끝을 잘 모른다. 그러니 천변에 어떤 곳들이 자리하고 있는지 정확히 알지 못한다. 내가 가본 곳이 있다면 흥덕대교 부근에서 청주대교를 거쳐 서문다리와 모충교를 지나 꽃다리 정도다. 다수의 청주시민들도 그 정도를 자주 접할 것 같다.

　봄이 시작되는가 하면 바로 사월이 되고 무심천 양쪽 천변을 벚꽃 구름이 뒤덮을 때면 두 주간 정도 벚꽃을 즐기러 나온 시민들로 보행로가 막히고 느리게 가는 차들로 거리가 주차장처럼 되곤 한다. 벚꽃이 봄눈처럼 날리면 시민들은 온갖 시름을 한때나마 잊고 꽃 속에 묻혀 행복해진다. 이런 때에 마음 맞는 이들과 들러 편하게 한두 시간을 보낼 수 있는 문화공간이 있으면 얼마나 좋을까? 스쳐 지나는 거리가 아니라 머무는 곳이어야 더 의미가 있다. 함께 긴 대화를 나누고 차를 마시고 과거와 미래를 얘기하고 마음의 한 부분을 열어 공유할 수 있는 곳이 우리에게 필요하다.

무심천변에서 무심을 이야기한다면 얼마나 상쾌한 일인가? 세속에 찌든 욕망을 내려놓고 근원적인, 인생의 깊은 바닥을 함께 들여다볼 수 있는 아늑한 공간이 어디 없을까? 공간이 좁기는 하지만 그래서 소수의 사람들에겐 더 매력적인 곳이, 청주대교와 서문다리 사이에서 시내 쪽을 향해 서면 2층 중간쯤에 보이는 작은 카페, 카페 150이다. 그곳에서는 매월 문학모임이 열린다. 때로는 서로의 작품을 발표하고 문학 토론을 하고 한 작가의 책에 대해 집중적인 조명도 한다.

다른 곳에서 어떤 모임들이 이루어지는지 모르지만 이곳에서 행해지는 일들을 의미 있게 받아들인다. 모임이 가볍지만 않은 것은 대학에서 문학을 가르치고 은퇴한, 경험과 안목이 탁월한 분이 흔들리지 않도록 중심을 잡고 바닥을 다지는 역할을 하시기 때문이다. 숨막히는 일방적인 강의의 시대는 이제 지나갔다. 참여하는 분들도 20대 전반까지 주를 이루는 학생들이 아니라 인생경험이 적다고 할 수 없는 육칠십 연세의 분들이 다수를 차지한다.

삶에서 쓴맛 단맛을 모두 경험하고 인생이 무엇인지를 어렴풋이는 알고 나아가 진지하게 묻고 탐구할 준비가 되어 있는 이들이다. 다른 이의 의견을 듣는 것도 좋지만 이제는 자신의 생각을 드러내 보이고픈 시점에, 낯모르는 이들이 인정하고 지지해 준다면 새로운 자신감과 확신이 솟아나지 않을까?

 정해진 때에 그곳에 가면 책 읽고 서로 생각을 나누기 좋아하는 이들을 만날 수 있다. 시와 동화와 수필과 소설을 쓰는 이들을 만날 수 있고 아직 작가의 반열에 오르지 않았지만 열정을 가진 이들의 생각을 들을 수 있다. 주변에 마음이 맞는 이들이 많은 듯해도 정작 둘러보면 쉽게 눈에 띄지 않는다.

 그곳이 처음부터 문학을 논하고 서로 마음을 터놓을 수 있는 공간이었는지는 잘 모른다. 마음이 넉넉한 모녀가 카페를 운영하고 있었고 그분들과 친숙한 이들이 몇몇 모여들었을 것이다. 그분들의 만남과 대화에 풍미와 넉넉함을 더하는 일이 언제부턴가 벌어지고 있었는데 그 중심에는 삶을 낙관적으로 달관한, 국선도와 동화를 지도하는 이 시대의 도사 같은 스승이 있었다. 상대를 인정하고 장점을 칭찬하여 기를 살리고 세상을 보는 눈을 바꾸어 놓는 분이다.

 번져가던 불길에 기름을 붓는 듯한 강한 힘을 가진 이가 있었으니 앞에서 언급한 문학계의 실력자셨다. 향기가 나는 곳에 생명들이 모여들 듯 모임을 열면 뜨거운 가슴과 반짝이는 눈을 가진 이들이 모여들어 모임마당을 달구었다. 눈에 보이지 않았지만 그런 모임이 열리기를 모두가 기다렸던 것이다. 모임을 위해 헌신적으로 재능과 시간을 내어 놓는 분들도 있었다.

 이 모임이 긴 세월 지속되었으면 좋겠다. 인문학의 맑은 물이 조용히 솟아오르는 옹달샘으로 시류에 흔들리지 않는 웅숭깊은 모임으로 발전하면 좋겠다. 장소와 규모가 아니라 사람과 논의의 깊이로, 남에게 인정받기보다 스스로 만족하는 모임으로 자라길 기원한다. 유유상종(類類相從)이라고 한 달에 한 번이 아니라 평소에도 그곳에 가면 마음 통하는 이들이 있다는 기대를 주는 곳이면 좋겠다. 뜻 맞는 문화모임이 그곳에서 많이 열리면 청주의 대표적인 대화와 사색의 공간으로 자리매김할 수 있지 않을까.

아예 그 공간에만 머무르지 않고 그 일대가 문화가 살아있는 곳이 되면 더 좋겠다. 그 공간을 나서 길을 건너면 서문다리가 있다. 청주 시민들이 기억하는 그곳은 추억이 살아있는 곳이다. 이제는 차량이 통행하지 않고 사람들의 왕래도 뜸한 것 같으니 얼마나 좋은가? 닫힌 공간이 아니라 활짝 열린 곳에서 하늘을 바라보고 시원한 바람을 맞으며 서로의 의견을 나누고 옆에서는 길거리 공연이 펼쳐진다면…. 문학과 인생에 대한 자기 의견을 피력하는 이들이 모여들면 그곳이 사람들이 열심히 살아가는 곳이요, 민주주의의 싹이 자라가는 곳이며, 우리 지역의 중심이 되지 않겠는가?

자연스레 그런 공간이 만들어지면 목줄을 세우고 얼굴을 붉히며 논쟁을 펼치다가도 당신의 견해에 일리가 있고 한 수 배웠다는 훈훈함이 생겨나지 않을까? 입간판만 하나 놓고도 니체를 이야기하고 백석을 논할 수 있는 그런 곳이 카페 150을 중심으로 만들어진다면 정말 좋겠다.

▍근본 되새기기 - 신항서원

　상당구 용정동에는 신항서원이 있다. 용정동(龍亭洞)은 예전의 용성리(龍城里)와 유정리(有亭里)에서 용(龍)과 정(亭)을 한자씩 따서 지은 동명이라고 한다. 신항서원의 예전 이름이 '유정서원'인데 유정은 마을이름을 딴 것이고 마을에 느티나무 정자가 있어서 유정(有亭)으로 불렸다고 한다. 서원은 지역의 사립학교라 할 수 있는데 신항서원은 유림들이 중심이 되어 지역의 선현들을 배향하고 인재를 양성하기 위해 세웠던 것 같다.

　초기에는 지역의 존경받는 이들을 중심으로 배향하다가 이이와 이색 같은 인물들이 추가되었다. 1570년 유정서원으로 설립되고 청원이 계속되어 1660년(현종1년)에 신항(莘巷)이라는 사액(賜額)을 받아 신항서원으로 불리게 되었다. 신항의 의미가 궁금하던 차에 검색을 거쳐 '신'은 중국 상나라의 명재상 이윤이 도덕을 갈고 닦으며 살았던 마을 신야(莘野)의 '신'이고, '항'은 공자의 제자 안연이 학문을 연마하면서 살았던 누항(陋巷)의 '항'이라는 걸 알았다. 즉, 신항이 도덕

(신항서원에서 교육이 이루어졌던 강당으로 계개당 현판이 보인다.)

을 닦고 학문을 연마하는 곳이란 의미임을 알게 되었다. 신야(莘野)와 누항(陋巷)에서 한 자씩 취해 신항이란 이름을 하사한 것이다.

서원에서는 어떻게 도덕을 체득하고 학문을 연마했을까? 혹 교육 문제로 전 국민이 골머리를 앓는 현실에 적용할 수는 없을까. 도덕은 일 년에 두 번 배향하는 본이 되는 제현들을 모범으로 삼아 몸과 마음을 닦았다. 학문은 사서삼경과 과거에 필요한 서적들을 익히고 스승들에게 배웠을 것이다. 몇 분의 제현들을 늘 기억하고 따름으로 몸가짐을 조심하고 나아갈 방향을 정할 수 있었을 것이다. 함께 수학하는 이들이 소수의 인물에 집중하고 그들의 삶을 좇아 사는 것에 큰 의미와 효과가 있었을 것이다.

신항서원에는 배향을 위해 구현사(九賢祠)가 뒤편에 지어져 있고 학문을 위해서는 계개당(繼開堂)이 앞편에 있었다. 구현사에 모셔져 있는 아홉 분이 과거를 빛낸 분들이라 하면 계개당을 통해서는 미래를 빛낼 인재들이 커가고 있는 것이다. 달리 보면 선조들을 존숭하고 미래를 준비하는 곳이 서원이었다. 그런 취지로 시작된 서원이 점점 늘어나고 방만해져 지역과 나라에 근심거리가 되기도 했다. 서원에는 세금이 면제되고, 학생들은 면역의 특권이 주어지고 여러 혜택이 따랐으니 서원을 중심으로 학연이 생기고 지역 여론이 형성되어 만만치 않게 영향력이 확장되어갔다.

　봄과 가을에 치러지는 선현들의 배향을 핑계로 지역민들에게 징수하는 부담도 적지 않았다. 서원의 일에 협조하지 않으면 그들을 중심으로 하는 향약을 비롯한 여러 수단들을 통한 압박과 횡포가 있었다. 어떤 것이든 과유불급(過猶不及)에서 벗어날 수 없었다. 백성들의 원성이 쌓이고 폐해가 대단했다. 위정자들과 서원의 실력자들 사이에 힘겨루기가 있었을 테지만 스스로 문제를 해결하지 않으면 타의에 의해 제재를 받아야 했다. 급기야 대원군이 집권하자 전국 600여 개 서원 가운데 47개소만 남기고 모두 철폐했다. 대원군 실각 후에 서원들이 다소 복원되기도 했지만 갑오개혁으로 과거제가 폐지되면서 그 기능이 약화되었다. 이제는 교육적인 기능은 거의 사라지고 주도적인 문중을 중심으로 하여 봄과 가을의 배향 위주로 문중의 협력과 번영을 보여주는 정도의 기능을 하고 있다 하겠다.

　우리 사회의 생활수준이 나아지고 문화적 요구가 늘어나면서 서원을 다시 평가하고 활용하는 일이 늘어나고 있다. 본래의 교육적 기능에 지역의 문화적 구심체 역할의 가능성까지 시험하고 있다고 하겠다. 청소년을 대상으로 하는 도덕성의 강화와 함양, 인문학을 통한 균형 잡힌 교육의 필요에 대응하려는 노력과 관과 지역사회의 협조와 후원으로 경쟁 중심의 학교 교육을 보완할 수 있지 않을까 하는 기대가 높아가고 있다.

신항서원도 몇몇 의지를 가진 이들 중심으로 유사한 활동을 지속적으로 펼치고 있는 듯하다. 오늘날의 실질적인 기능 위주 교육과 전자기기와 정보통신 인공지능으로 대표되는 정보혁명에 대처하는 교육으로, 기대를 모았던 인문학이 설 자리를 잃어가고 위기를 맞고 있다. 인류사가 보여주듯 한 방향으로 지나치게 기울어지면 반작용이 일어나 항상성을 유지하려는 움직임이 나타나는데 현재의 위기는 회복력을 상실할 정도가 아닌지 염려스럽기까지 하다.

사회의 변화속도가 너무 빠르고 세대차가 커서 노소(老小)의 소통을 걱정하지 않을 수 없다. 전자·정보통신에 익숙한 이들은 점차 편리한 시대가 온다고 하지만 전자·정보통신에 소외된 이들은 더 어려운 세상을 맞고 있다. 급격한 지식의 역전현상도 심각해서 후세대에게 지식을 전수해 주던 이들이 갑자기 후세대에 배워야 하는 현실에 직면하게 되었다. 새로운 지식과 기술로 모든 것이 해결되는 것이 아니어서 여전히 한편에서는 인문학적 지식인 문학 역사 철학과 종교에 대한 갈증이 점증하고 있다.

이러한 불균형을 서원을 활용한 교육과 활동을 통해 완화할 수 있을 것으로 기대하고 있다. 수백 년 이어온 선조들의 지혜와 식견을 하루아침에 쓸데없는 것으로 치부할 수는 없다. 그것은 우리의 깊고 넓은 문화유산을 폐기하는 어리석은 짓이다. 서양에서 유래한 물질과 기능이 중심이 되는 교육과 생활의 역기능은 정신과 인격 수양을 바탕으로 하는 동양문화와 교육으로 보완하고 치유해야 한다. 서구 중심의 삶과 문화가 문제가 많다는 것을 인류가 서서히 깨우치기 시작했다. 서원문화가 우리에게 매력으로 다가오는 근본적인 이유다.

가경동 발산공원에서

사는 곳에서 십여 분 걷다보면 발산(鉢山)공원이 나온다. 마을의 모양이 절에서 사용하는 밥그릇을 닮았다고 해서 발산동이 되고 그곳에 있는 공원이라 그러한 이름을 얻었을 게다. 도시 공간에서 공원은

(가경 발산공원에 건립된 신동문 시인의 시비)

쉼터다. 아스팔트와 시멘트로 이어지는 삭막함 속에 푸른 공간이다. 발산공원에는 마을유래비가 있고 천지신단, 무공수훈자 공적비, 신동문 시비가 있다.

마을유래비에는 마을의 역사와 마을 이름의 유래가 적혀 있다. 마을 뒷산에 발산사란 절이 있었다는 것이 눈길을 끈다. 천지신단은 마을의 안녕과 풍년을 기원하기 위해 80여 년 전부터 제사를 지내왔다고 한다. 유래비를 건립한 연도가 1997년으로 되어 있으니 1910년대 후반쯤부터라고 추측할 수 있겠다. 다른 자료들을 보니 일제의 영향력으로 천지신단이 세워지고 민족의 신앙과 혼에 부정적 영향을 주기 위함이었단다. 정책을 밀어붙이려는 일제의 의도를 읽을 수 있었다. 한마디로 뿌리가 의심스러운 제단인 셈이다. 저간의 사정을 좀 더 객관적으로 적어 역사의 반면교사로 삼으면 좋겠다는 생각을 했다.

무공수훈자 공적비는 조국과 민족을 지키기 위해 전투에 참가해 공을 세운 이들을 기리는 시설이라고 한다. 그들이 있기에 오늘의 우리가 있고 힘들었던 과거를 딛고 일어나 빛나는 조국을 일으킬 수 있었다. 경모의 마음을 갖고 숙연한 자세를 갖추어 대하게 된다. 반만년을 이어온 이 땅의 역사를 돌이켜보면 오래된 곳치고 조상의 얼이 서리지 않은 곳이 어디 있을까? 수많은 전쟁을 겪었으니 웬만하면 격전지요, 조상들의 피와 땀이 서린 곳일 게다.

비라는 것이 얼마나 허망한 것인가? 당대 사람들이야 기억하겠지만 한 세대만 지나도 모르는 선인들이 되고, 곁에서 살아가는 이들에게도 감흥 없는 존재가 된다. 더구나 거주민들의 자발적인 참여로 고마움과 감사가 우러나 세운 것이 아니면 원망의 대상을 벗어나기 어렵다. 별반 선정을 베푼 것도 없이, 지역 관리를 지냈으니 본인들의 욕망과 아랫것들의 아부(阿附)에서 서민들의 주머니를 털어 세운 것이라면 증오와 불만의 대상일 뿐이다. 어린 시절 놀이 가운데 '비석치기'가 있었다. 멀찍이 편편한 돌을 세워놓고 여러 가지 방식으로 그 돌을 쳐서 넘어뜨리는 놀이였다. 얼마나 한이 맺혔으면 그런 놀이까지 만들어 원과 한을 풀어내려 했을까?

기념비는 각 사람의 마음에 세워야지 들판과 언덕에 세울 것이 아닌가 보다. 그에 비하면 주택가에서 가장 가까이에 세워진 신동문 시비에는 그런 요소가 들어찰 염려가 없으니 마음이 개운하다. 시비는 다수가 시인이 작고한 후에 세워지고 강제성을 띨 여지가 없다. 시인이 행정력이나, 강요할 수 있는 힘이 없으니 본인의 욕망에서 건립될 수 없다. 행정기관보다는 시인을 기리는 동료나 후배들이 마음을 모아 세우니 순수한 마음이 모아지게 마련이다. 신동문 시인의 시비가 충북지역 몇 곳에 세워져 있는 것 같다. 이곳 발산공원뿐 아니라 문의 문화재단지에서도 시비를 본 것 같다.

우리 지역시인으로 한국의 현대시에서 중요한 역할을 하신 분인가 보다. 충북에 신동문, 정지용, 오장환, 신경림 시인 같은 분들이 시 활동을 활발히 하심으로 우리 지역이 문학에서 소외되지 않고 명맥을 이어오지 않았을까 싶다. 그분들이 사신 연대는 다르지만 시인으로서의 삶이 어떠했을까? 시로서 최소한의 생활이라도 영위할 수 있었을까? 자신들이 쓰는 시가 당시와 후대의 사람들에게 갖는 의미가 무엇이라고 생각했을까. 그분들은 시인으로서의 삶에 얼마나 만족했을까. 그때나 지금이나 삶의 어려움에는 큰 차이가 없으리라.

인류의 삶에 시인의 역할은 무엇일까. 사색하며 사는 이들을 깨울 수 있을까? 점점 더 물질적 가치관으로 기울어가는 시대에 시도 그렇게 휩쓸려 가지 않을까 염려다. 시인이 많은 시대를 살아간다. 시를 가르치는 곳이 많다고 한다. 왜 현대인이 시를 배우고 쓰려 할까? 현대인에게 시가 정신적 양식이 될 수 있는가. 자신의 삶에 절박한 역사의식과 소명이라기보다 생활의 여기(餘技)로서 우아해 보이는 또 하나의 골프 같은 것일까? 시를 사랑하는 이들은 이런 말을 시에 대한 모독이라고 할 것이다.

날마다의 삶에서 생존의 위협을 느끼는 이들이 시를 읽고 가까이 할 수 있을까? 그들에게 시를 쓰라고 할 수 있을지…. 시 없이 그들은 살아가고 그들에게 시는 사치품에 가까울 게다. 발산공원에는 "풍선기1"이 문화재단지에는 4.19 당시 학생들을 그린 작품이 새겨져 있다. 시대를 앞서가는 감수성을 가진 이들이 예술가가 되고 문인이 되고 시인이 되는 것 아닐까? 그 솟구치는 감성을 억제하지 못해 작품으로 분출하는 것이리라.

누구나 자신만의 감수성을 가져야 하고 솟구치는 감성을 분출할 어느 한 곳이 있어야 한다. 오늘날에는 그 대상이 다양해졌다. 운동

종목도 다양해졌고 취미도 많고 많다. 예술과 음악과 문학도 모두에게 열려있다. 그래도 깨어있는 이들은 그 시대에 돈이 되지 않는 곳, 미술 음악 문학에 자신들의 열정을 쏟아 부었다. 그중에서도 대중들 호응이 적고 외로운 곳이 자신들이 있어야 할 곳이라고 생각했었다.

  삶이 분주하고 번잡하면 산에 올라보라. 공원을 찾아가라. 시비가 있는 곳이면 더욱 좋고 시비가 없으면 시집을 한 권 가져가라. 햇빛 밝은 곳에서 벤치에 앉거나 태양을 등지고 서서 아무 곳이나 펴고 읽어보라. 내 시든 감성을 깨우는 한 구절이 있을 것이다. 내 주변에는 발산공원이, 그곳엔 신동문 시인을 기리는 시비가 있다.

▌변두리 그림 정원 – 운보의 집

　청원구 내수읍에 자리한 근대의 이름난 화가 운보의 집이다. 도시를 벗어나 한적한 곳에 널따랗게 자리한 고택에서 운보는 삶의 마지막을 보냈다. 고통과 영광과 치욕의 세월을 살다간 시대의 거인이라 하겠다. 그곳에 가면 운보의 숨결을 느낄 수 있고 장애와 운명을 극복한 입지전적인 한 인물을 만날 수 있다. 거구의 몸으로 상실한 청력을 가지고 팔십육 세를 살면서 자신의 세계를 펼쳐 보인 천재 화가, 친일의 굴레에 갇혀 살던 자유인이었다.

　언제던가, 기대 없이 들러본 운보의 집에서 흘깃 그분을 뵌 적이 있었다. 낯을 가리는 내가 익숙한 분도 아니니 말을 걸었을 리 없고 그분이 내게 아는 척을 하지도 않았다. 누군가 곁에서 저분이 운보라고 했고 나는 특유의 성격으로 그런가 보다 하면서 '어쩌라고'를 속으로 외쳤을 것이다.

　이 어이없는 성품과 습성으로 손해를 본 것이 한두 번이 아니다. 유명인을 의식적으로 무시하는데 거기에는 내 열등의식이 강하게 작용하고 있다. 그분들이 내게 아쉬울 것이 무엇이랴. 운보와도 한마디 안부라도 나누고 전혀 별스럽지 않은 내 소개를 하고 그분의 작품에 대한 소개를 들어보았으면 얼마나 좋았을까 때늦은 후회를 한다.

그곳에는 많은 식물들이 있었다. 내가 이름도 모르는 것들이 나를 반기고 있었는데 내가 이름이라도 불러줘야 그들도 자신들의 비밀을 내게 알려줄 것 같았다. 그분이 정성을 기울여 가꾸었을 풀과 나무들은 그들을 알아야 의미가 더할 테니 내게는 그냥 초목이었을 뿐이다. 한쪽에 파놓은 연못에는 커다란 금붕어들이 유유자적 헤엄치며 한가로이 즐기고 있었다. 그곳을 방문하기 며칠 전 오창 호수공원에 들러 빵 부스러기를 호수에 던졌더니 커다란 잉어들이 물살을 일으키며 몰려들었다.

그날을 회상하며 빵조각을 던져주었더니 금붕어들이 아무런 기척도 보여주지 않았다. 먹이라는 것에 대해 의식하지 못하는 것 같았다. 마치 어떤 명품도 알지 못하는 내 앞에 아무리 값비싼 명품들을 보여주어도 전혀 놀라지 않는 것과 같으리라. 눈썰미가 없는 내게는 대단한 것이나 시원찮은 것이나 차이가 없다. 세상에 크게 유혹받지 않는 비결 중 하나가 세상을 모르는 것이라 생각한다. 보기 좋고 값비싼 것으로 유혹해도 분간하지 못하면 소용이 없다.

운보도 세상의 많은 소리를 듣지 않아서 자신의 일에 더 몰입할 수 있었는지 모른다. 얼마 전 다시 찾은 운보의 집은 입장료를 받고 있었다. 적지 않은 금액이었는데 지자체에서 관리하고 부담 없이 관람하게 하는 것이 문화에 소외되어 있는 이들에 대한 배려가 아니겠는가 싶다. 주인 없는 집은 쓸쓸했다.

지하에 내려가 보았더니 여름이라선지 습기가 차는 것 같았다. 운보의 향토적 해석이 깃든 천주교 성화들이 삼십여 점 전시되어 있었다. 상투를 틀고 갓을 쓴 그림들, 한복을 곱게 입은 여인들이 그 속에 있었다. 자기화를 거친 작품들이다. 남의 것은 세월이 지나도 내 것이 아니다. 자기의 통로를 거치지 않으면 내게 다가온 것일 뿐 내 것이 되었다고 할 수는 없다.

운보의 작품 중에 가장 우리에게 친숙한 것은 만 원권 속에 있는 세종대왕 어진일 것이다. 현대를 사는 이 땅의 누구도 세종대왕을 본 사람이 없고 어진을 그리는 화가조차도 일면식 없이 그리려니 얼마나 어려울까? 뵌 적은 없어도 그분에 대한 예상과 기대가 있으니 전혀 어긋나게 그릴 수도 없었으리라. 그려놓고 보니 화가 본인을 닮았다고 한다. 자기화를 거쳤기 때문일 것이다. 자신의 지문이나 목소리처럼 어느 것을 만나고 접해도 자기 식으로 바꾸어내는 것이 중요하다. 붕어빵 기계에서는 붕어빵이 나오고 국화빵 기계에서는 국화빵이 나오는 것이 당연한 이치와도 같다.

운보는 자신에게 가장 큰 영향을 준 여인들로 외할머니와 어머니 그리고 아내를 꼽았단다. 그분들이 운보를 만들었다고 할 수 있으리라. 운보의 스승은 이당 김은호 선생이었다. 위대한 스승이 위대한 제자를 길러낸다. 누구를 만나는가에 따라 운명이 달라진다. 내게 지금 어떤 스승이 계시는지 돌아볼 일이다. 누구를 만나고 있는가, 그 사람이 내 삶을 결정한다. 관계에 열려있다면 뜻하지 않은 곳에서 평생의 스승을 만날 수 있지만 닫힌 관계 속에 산다면 긴 세월 만난 스승도 나를 변화시킬 수 없다.

나를 바꾸는 스승은 내 곁에 숨 쉬고 있는 분들만은 아니다. 책 속에서 만나기도 하고 한순간의 만남이 극적으로 내게 변화를 일으키기도 한다. 한 편의 영화나 노래, 기록이 내 삶에 운명적인 만남이 될지도 모른다. 육십 대 중반을 살아가는 내게 스스로 아쉬운 점이 참다운 스승을 생활 속에 모시지 못한 것이다. 왜 긴 삶에 위대한 분들이 없었으랴. 열린 관계를 유지하지 못해 가까이 두고도 변화하지 못한 것일 게다.

운보의 집에서 그림 한 점을 보고도 큰 충격을 받을 수 있고 운명의 전환을 겪을 수 있을 것이다. 남녀 간의 관계도 오래 만나 사랑이 싹트는 것이 아니라 무언가 설명할 수 없는 끌림에 자신을 열어놓을 때 운명적인 만남이 찾아오는 것이리라. 그곳에 가면 거인의 긴 그림자가 집을 뒤덮고 있다. 수백 년 전 초정을 찾은 세종을 운보가 그려 세상에 펼쳐놓듯 당신의 운명을 뒤흔들 긍정적인 만남이 언제 어느 곳에서 이루어질지 모르니 가능한 여러 곳에 가보라. 운보가 혹은 톨스토이가 당신을 기다리고 있을지 모르지 않는가?

▌초정약수와 초정행궁

　청원구 내수읍에 초정행궁을 세웠다. 조선의 4대 임금, 이 땅에 존재했던 지도자 중 한사람을 택하라면 지금도 많은 이들이 세종대왕을 고를 것 같다. 우리에게 길이 영향을 줄 훈민정음을 선사해 준 영원한 겨레의 은인이시다. 1444년 봄과 가을, 세종임금이 초정을 찾아와 121일간 머물면서 병을 치료하고 요양하며, 훈민정음의 마

(아름다운 초정행궁의 모습이다. 세종의 인품처럼 편안해 보인다.)

무리 작업을 했다고 한다. 임금의 눈병이 심해지고 치료에 차도가 없던 차에 후추 맛이 나는 청주의 초정리에서 어느 정도 그분의 안질에 차도가 있었다는 것은 국가적인 경사였다.

초정행궁은 1448년 실화에 의해 불에 탔다고 한다. 그 사건을 겪은 지 600여 년의 세월이 흐르고 최근에야 다시 초정행궁이 들어선 것을 어떻게 설명할 수 있을까? 필요성이 절실했다면 그 오랜 세월 동안 왜 건립되지 않았을까. 지방자치단체가 주도적으로 수익사업을 위해 추진한 일은 아니었을까. 당연히 그러했으리라고 판단한다. 이 나라 사람 중 누가 세종대왕을 기억할 시설을 건립하겠다는 데 반대할 수 있을까.

유사 이래 우리 민족의 최대 현군이요 유명인사니 교육적 효과와 경제적 이익을 고려했을 것이다. 그분의 어진(御眞)을 그린 화가를 기념하는 곳도 가까이 있고 초정 약수가 근처에서 생산되고 있으니 연계효과도 적지 않으리라 평가했을 것이다. 그런 의도로 족욕(足浴) 체험시설이 있고 행궁민박을 실시하고 수라간을 홍보하는 것일 게다.

그래도 뭔가 허전한 것이 있다. 그곳에 가서 의미 있는, 잊지 못할 무언가를 하고 싶은데 그것이 빠진듯함을 지울 수 없다. 초정행궁에 가서 그곳에서만 할 수 있는 어떤 것이 있었으면 좋겠다. 귀한 손님을 대접하는데 품격이 어울리는 왕의 식탁을 차리는 식당이 있고 비싼 식사비의 일부분이 귀한 일에 쓰여 세종의 애민정신을 기린다면 어떨까? 한 해에 몇 번이라도 사람들을 초대해 왕의 잔치를 베풀고 고단함을 위로하는 일이라도 자주 펼치면 좋지 않을까. 왕의 경연처럼 지역민을 위한 강연도 그럴듯하고 '왕과 함께 하는 축제'처럼 음악회도 해볼 만하지 않은가?

성군인 세종도 질병을 피할 수는 없었다. 질병 앞에서는 모든 이들이 겸손해져서 인간본연의 자세를 회복한다. 아무리 대단한 것을 소유한 이들도 질병의 고통을 넘어서기 어렵다. 도를 깨우쳤다는 이들도 질병 앞에 무력하고 질병을 치료하는 의료인들도 피해가지 못한다. 그렇다면 오히려 질병이 인간에게 평등을 가르쳐주는 것은 아닐까. 질병과 고통을 피할 수 없는 존재가 살아있는 모든 것들이다. 그 가운데 두려움을 모르고 자연을 훼손하며 제 잘난 멋에 살아가는 인간들이 가장 먼저 진지하게 체험해야 하는 것이 질병 아닐까?

누군가는 우리에게 가난이 큰 스승이라 했지만 질병도 그에 뒤지지 않는 인류의 스승이다. 질병이 왜 그토록 인간을 겸손하게 할까? 그 끝에 죽음이 있고 과정이 고통스럽기 때문이다. 여러 종교의 교조들이 역사의 위대한 스승들이다. 그들 중 다수는 병을 치유하는 일들을 했다. 고통 속에 있는 이들에게서 고통을 벗겨준 것이다.

세종은 정치 경제 사회 문화 국방과 외교에 이르기까지 백성들 삶의 질을 높이기 위해 노심초사 애쓰고 노력한 왕이다. 세종의 정신을 이 시대에 되살리는 일은 서민들 삶의 불편을 덜어주는 일이다. 세종이 글을 몰라 제 뜻을 능히 펴지 못하는 백성들을 위해 훈민정음을 창제했듯이 생활에 꼭 필요한 교육을 펼치는 것도 세종의 정신을 잇는 일일 것이다.

경제적 이득을 남기려 하지 말고 서민들에게 도움을 주려는 것으로 마음의 틀을 바꾸면 할 수 있는 일들이 많이 보이지 않을까. 지자체가 중심이 되어 그곳에 가면 내게 도움이 될 수 있는 것들이 있다고 믿을 수 있다면 인파가 몰려들 것 같다. 사람들이 많이 모이면 서로 유익을 누릴 수 있는 길이 생겨날 게다. 어려움을 겪는 이들은 어느 시대에다 항상 존재하기 때문이다.

옛날의 임금은 오늘날 대통령중심제의 대통령과 닮은 면이 많다. 대통령에게 너무 많은 권한과 책임이 집중되니 모두가 어려움을 당한다. 왕과 자주 의견이 대립되는 것이 신하들이어서 왕권과 신권은 자주 충돌과 경쟁을 맞는다. 현재의 여당과 야당의 관계와 비슷하다. 평소에 왕과 신하들은 서로 백성들의 신임을 얻으려고 노력한다. 그들의 신뢰를 얻는 방법 중 하나가 언로(言路)를 열어두는 것이다. 그들의 소리에 귀기울여주면 어려움이 있어도 신뢰한다.

우리 사회도 언로가 언제나 활짝 개방되어 있으면 서로 믿고 의지할 수 있지 않을까. 언로가 열려있다는 것은 상대의 의견을 진지하게 들어주는 것이다. 현대의 언로는 언론이라 하겠다. 언론의 의견과 발언에 눈과 귀를 여는 것이다. 초정행궁에 그럴 마음이 있다면 지자체의 고위관리를 파견해 시민들의 고충을 직접 듣고 해결하게 하는 것은 어떤가. 인력이 부족하면 추가 배치하여 성과를 낸다면 관리와 의뢰인 모두 만족할 수 있지 않으려나?

초정행궁 주변에 초정약수를 사용하는 목욕탕들이 여럿이다. 그곳이 지역의 명물이 되어서 많은 이들의 건강에 도움이 되듯 초정행궁이 세종의 마음을 되살려 지역민의 고통을 끌어안고 달래주는 곳이 되면 좋겠다. 고통과 질병은 누구라도 겸손하고 착하게 만드는 힘이 있다. 지난날 초정에 있는 약수탕들을 찾곤 했는데 기대를 저버린 적이 없었다. 초정행궁이 지역에 선을 행하는 근원지, 지역민들의 모든 기대를 모으는 곳이 되기를 바란다.

▌덕성이용원

덕성이용원이 세월 속에 낡아가고 있다. 더러는 일면식도 없는 이들이 이용원을 수리하지 말고 그대로 두었으면 좋겠다고 조언한단다. 변하지 않은 것에서 추억을 느끼나 보다. 외곽에서 시내로 들어오다 성모병원을 지나 바라보면 오른쪽으로 한 허름한 단층건물이 보인다. 1970년대 모습으로 50여 년을 지켜온 많은 청주 시민들이 기억하는 덕성이용원이다.

모퉁이를 돌아서면 한 그루 라일락이 눈에 들어온다. 라일락꽃이 화사하게 피어있던 순간이 있었지만 얼마 못 가 지고 꽃송이들이 추레해 보이지만 지저분하지는 않다. 그 모습에서 덕성이용원의 시간들을 본다. 한때 꽃피는 시기가 있었을 게다. 꽃이 진다고 끝일까? 꽃 지면 열매가 열리고 그 한 살이의 추억으로 외롭지 않다.

라일락 옆을 자세히 살피면 에어컨 실외기가 있다. 연탄난로와 에어컨이 조화롭지 않으나 작동하는 시기가 다르고 피치 못할 사정이 있다. 최근 들어 여름이 무척 더워졌다. 우리의 잘못에 따른 결과가

(김승경님이 반백 년이 넘는 세월을 한 자리에서 지켜온 덕성이용원)

부메랑처럼 다시 돌아온 것이다. 편리한 것에 길들여져 신선놀음에 도끼자루 썩는 것을 눈치 채지 못했다. 이제라도 불편을 감수하고 편한 것에 가치를 부여하는 게으름에서 벗어나지 않으면 더욱 힘겨운 재앙이 우리에게 닥칠 게다.

  시선을 조금 위로 하면 '덕성이용원' 간판이 눈에 들어온다. 색 바랜 간판, 무슨 색이었던가? 희부연 바탕에 검게 남은 글씨, 적어도 십여 년은 족히 된 듯하다. 간판이 얼굴이라면 허리, 손발의 주름과 어울리지 않으면 자연스럽지 않다. 그렇다고 너무 후줄근해도 문제 아닌가? 이제 사람들이 덕성이용원에서 팽팽함이나 신선함을 기대하지는 않는다. 건물도 노년의 원숙함을 보여주려면 주름이 있고 눈꼬리가 내려가고 더러는 수염이 희끗거려야 할 것 같다.

조금 더 시선을 하늘로 향하면 하늘색을 닮은 함석기와가 눈에 들어온다. 원래는 전통기와였는데 몇 년 전에 비가 새서 그 위에 함석기와를 덮었다. 5년이나 되었을까, 그래선지 다른 것들과 조화를 이루지 못하고 눈에 띈다. 아쉬움이 남는다. 원래의 것이 가장 잘 맞고 주변과 어울리는 것일 텐데….

시선을 아래로 내리면 간판을 지지하는 두 쇠기둥이 있다. 여기저기 녹이 슬었지만 제 할 일을 거뜬히 하고 있다. 마치 사람의 두 다리를 연상시킨다. 비록 낡은 듯하고 녹물이 흐르고 도색이 벗겨졌지만 아직 버틸 만하다. 이용원 건물에서 간판을 지탱하는 일이 얼마나 중요한가? 세월 속에 초라해도 각자의 역할을 소홀히 하지 않아야 모두가 평안하다.

하는 일이 없어 보여도 없어서는 안 되는 중요한 것들이 있다. 모처럼 고향을 찾는 사람들이 기대하는 것은 무엇일까? 오랫동안 변함없는 모습으로 산천이 그곳에 있어주는 것이다. 동구 밖 느티나무, 뛰놀던 뒷동산, 그곳의 구부정한 소나무가 제자리를 지킬 때 고향의 정서를 느낄 수 있다. 변화와 발전도 좋지만 늘 같은 모습으로 한자리를 지키는 것도 의미가 있다.

쇠기둥 가운데 무늬 진 유리가 있고 그 사이로 희미한 내부 불빛이 비친다. 흐릿하게 형체만 보여주는 것이 답답하면서 매력적이다. 많은 것을 빨리 알고 싶은 호기심과 속도의 시대를 살아간다. 자신의 일상을 보여주어 타인의 부러움을 사고 싶은 게 오늘의 젊은이들 아닌가? 사생활을 사진 찍어 공개하는 사회관계망이 쉴 새가 없다. 포장하고 과장해 보아달라고 노출하는 시대에 덕성이용원은 흐릿하게 가리고 있다. 궁금증을 일으키는 게 매력일 수 있다. 이용원 안에 실상은 감출만한 것이 없다.

왼쪽 끝에 둥근 이용원 표시등이 있다. 정맥과 동맥을 표현해 예전에는 병원을 나타냈음직한 네온등, 어쩌면 회생과 생명력을 상징하는 두 마리 뱀이 서로 얽혀 있는 모습 같다. 돌아가지 않아도 안다. 어설퍼 보이고 무언가 부족해 보여도 있을 것은 다 있다. 조금 더 왼쪽으로 눈길을 주면 작은 쇠문이 나온다. 자물쇠를 따고 들어가면 통로 끝에 작은 방이 있다. 피곤할 때 몸을 뉘일 수 있는 공간, 숨어 있는 곳이라 할 방 한 칸이다.

남이 모르는 자신만 아는 방 한 칸 같은 공간이 있으면 좋겠다. 내게 그와 같은 것은 무엇일까. 마음속에 꼭꼭 감추어 둔 비밀이나 지난날의 고운 추억, 공개되지 않은 숨은 한 수, 끝까지 남겨 두고픈 마지막 자존심일 수 있겠다.

열 평도 안 되는 좁은 공간. 하지만 겉모습은 의연하게 이용원을 알리고 사람들을 불러 모은다. 작은 것이 아름답다. 자연에 존재하는 새끼들은 앙증맞고 귀여운데 그 이유는 작다는 데 있다. 작은 것들은 쉽게 접근할 수 있고 경계심이 적다. 덕성이용원은 그게 좋아 몸집을 작게 유지하고 있는 것은 아닐까?

덕성이용원은 주변과 어울리지 않는다. 길가에 늘어선 거대한 아파트의 행렬, 도로를 메우는 차량들, 밝고 생생한 색채들 가운데 외로운 섬, 초라한 모습으로 앉아있는 작은 짐승, 학교의 행랑채 같아 보이기도 한다. 크기로 중요도가 정해지지 않고 아름답다고 모두 좋은 것이 아니다. 크고 아름다워 위험한 것들이 우리 주변에 많다. 편안하고 익숙한 것들은 오히려 작고 수수한 것들이다. 볼품없고 초라해 보이는 이용원이 시민들의 지지 속에 기억해야 할 건물로 지정된 것은 세월을 이긴 승리다. 작고 초라한 것도 기억 속에 강하게 자리 잡을 수 있음을 인정받은 것이다.

덕성이용원이라고 생멸의 법칙에서 벗어날 수는 없다. 지상의 어떤 건물도 중력의 법칙을 어길 수 없듯이 언젠가는 지상으로 길게 드러누워 그 생애를 마칠 것이다. 그래도 청주 시민들은 가능한 오래도록 덕성이용원을 곁에 두고 함께 살아가고 싶어 하고 길이 추억하려 할 것이다.

▌오래된 책 나라 - 중앙동 헌 책방

　청주에서 학창 시절을 보낸 사람치고 북문로 중앙극장 근처의 헌 책방 골목을 걸어보고 들러보지 않은 이는 많지 않으리라. 나는 이 지역에서 초교부터 고교까지 다니고 인근지역에서 대학과 대학원을 다녔다. 중학교까지는 헌책방을 의식하지 못하고 살다가 고교시절에는 가끔 들러보곤 했다. 그 시절에는 고교가 저녁 늦게까지 수업을 하고 야간 자율학습을 해서 평일에는 들러보기 어려웠다. 주말이라 해도 교회를 다녀오면 한 주일의 피로가 몰려와 텔레비전 앞에 붙어 있기 일쑤였다.
　선생님들은 책 읽기를 여전히 강조했지만 나로서는 책 읽을 시간을 내기가 쉽지 않았다. 학교수업을 따라가기에도 힘에 부치고 숙제도 곧잘 잊어버려 해가지 못하는 형편에 두꺼운 문학책을 펼치기에는 역부족이었다. 가끔은 학교공부도 잘하고 취미활동을 하고 영화 감상에 독서까지 한다는 이들을 대하면 짜증부터 났다. 나하고는 종족과 출신이 다른 이들 같았다. 책을 산다는 것도 쉬운 일이 아니었다. 어쩌다 손에 들어오는 굵직한 책들은 나를 힘 빠지게 했다. 아직도 읽지 못하고 중고 책으로 구입해 놓은 것을 위안으로 삼고 있는 것들 - 적과 흑, 죄와 벌, 부활, 카라마조프가의 형제들, 닥터 지바고, 쿼바디스 - 이 한둘이 아니다.

　육십 대 중반을 살아가고 있는 지금까지 그러한 책들을 읽지 않았다는 것에 나는 조금도 부끄러움을 느끼지 않는다. 누군가는 나를 가리켜 뻔뻔함의 한 끝을 보여준다고 할지 모른다. 그러고도 문학인이라 할 수 있는지, 십 년 넘게 문학의 한 분야에 매진해 왔다고 하면서 언필칭 작가라 할 수 있는가라고 묻는다면 거리낌 없이 그렇다고 대답하련다. 그래도 독서 관련 서적을 두 권이나 출간했다고 목에 힘주고 말하리라. 고교시절에도 그런 책을 한두 권 손에 넣었겠지만 읽어도 이해할 수 없었다.

　많은 곳에서 중고생들을 대상으로 권장도서들을 추천하곤 하지만 나는 그 일들을 무책임하다고 생각한다. 나이와 경험에 따라 지적 수준을 좇아 읽을 책들을 세심히 골라 많지 않은 책들을 선정했으면 좋겠다. '책을 읽어 손해 볼 일이야 있겠는가?'고 말한다면 구태여 반박하지 않겠지만 크게 유익하지 않을 수도 있다고 말할 수 있다. 소화하기 어려운 것들을 꼭꼭 씹어 먹으라고 하는 것보다는 평생을 두고 읽을 책들을 연령이나 세대에 따라 권하는 것이 더 나으리라는 생각이다. 그 시절 어쩌다 펼쳐본 고전 도서에서 읽어도 이해하지 못하는 충격을 받았다. 가끔 수업시간에 들어본 책들을 헌책방에서 만나는 기쁨은 컸고 언젠가 읽어야지 하는 심정으로 몇 권 사온 것 같지만 끝까지 읽어본 것이 있었던 것 같지는 않다.

다 배운 교과서를 파는 친구들도 더러 있었다. 책값을 받는다고 해야 그야말로 푼돈, 나는 잃어버린 교과서를 헌책으로 사는 일이 가끔 있었다. 바닥부터 천장을 향해 수북이 쌓인 책들이 좋았고 그 책들 속에서 내 맘에 드는 문고판 한 권을 발견하는 것도 큰 기쁨이었다. 그것 하나도 제때에 읽지 못해 미루고 미루다 책상을 정리하며 발견할 때 느끼는 내 모습이 때로는 몹시도 싫었다.

대학 때는 헌책방에 좀 더 자주 들렀다. 더러 사온 책들을 가방에 넣고 다니긴 했어도 불안한 그 시절에 차분히 읽지는 못했다. 시기적으로는 사상 서적을 많이 접할 수 있는 때였는데 그런 책들에는 내 눈이 열리지 않았다. 그 시절이 지금도 원망스러워지곤 한다. 무엇 하나라도 열정적으로 매달려 봤으면 현재의 나보다 낫지 않을까 하는 마음이다.

내 눈과 마음에 값싼 지적 허영을 일으킬 만했던 헌책방들이 사라져간다. 인터넷을 기반으로 하는 거대한 중고서점들이 활발하게 영업을 하고 있다. 그 편리함에 포로가 되어 서점에 들러본 것이 언제인지 모르겠다. 어찌 서점이 책만을 고르고 사는 곳일까? 책의 향기를 맡으며 최근의 출판 경향도 짐작해 보고 많은 인파 속에서 책을 더 이상 멀리하면 안 되겠다는 자극을 받고 책을 가까이하는 왠지 모를 친근한 이들을 만나는 곳이 책방 아니었던가?

이십일 세기 디지털과 인터넷 시대에 책은 내게 무엇인가? 기계에 민감하지 못한 내가 한 발 늦은 정보들을 접할 수 있는 통로다. 디지털과 인터넷이 인류에게 득인가 실인가를 따지기에는 이른 감이 있다. 전자책이 밀물처럼 주변으로 파고들지만 종이와 활자들이 주는 안정감과 평온함을 대체할 수 있을까? 인류가 수천 년 쌓아올린 지적인 보고들을 내 것으로 삼기에는 디지털보다 아직은 종이책이라고 생각한다.

문화도 시대 변화를 거스를 수 없다는 걸 인정하면서도 어딘가 내키지 않는 저항감이 있다. 헌책방들이 사라지고 청주에도 두 곳쯤 밖에 남지 않아 미래유산으로 지정되었다는 소식이 그리 달갑지만은 않다. 새 책을 파는 서점들도 살아남기 위한 변신에 여념이 없다. 헌책방들도 사양 업종이라고 여길 것이 아니라 현대의 바쁘고 시달리는 이들이 찾아올 수 있는 공간으로 변모하는 것이 필요할 것 같다. 좀 더 아늑한 공간으로, 시기를 따라 일정 분야와 작가들을 선택해 책들을 배열하고 관계 전문인들을 초대해 이야기를 나누면 어떨까? 함께 정을 나누고 의견을 공유하는 젊은 감성을 추구하는 노력을 쏟아부어야 다시 살아날 수 있으리라. 청주가 문화기록의 도시이자 금속활자로 가장 오래된 책을 발간한 "책의 도시"가 아니던가? 새 책 못지않게 헌책의 가치가 조명되고 특색 있는 헌 책방들이 동네에 한둘씩 생겨나는 꿈을 꿀 수는 없을까?

▌이 탑이 있어 탑동이다

    주객이 바뀐 듯하다. 탑동이라는 동네 이름이 유래된 탑을 찾아보고 싶었다. 근본과 본의를 잊으면 안 되니까. 첫날은 차량 길 안내에 의지했는데 일정 지역으로 데리고 갔다. 그곳에서 멀어지면 경로를 이탈했다고 하고 그곳에서는 목적지 근처여서 안내를 종결한다고 했다. 개인집 같기도 한 곳이었는데 현풍 곽씨 효자비 및 묘소라고 안내문이 붙은 곳이었다. 아무리 보아도 5층 석탑은 없었고 마을 이름 유래비가 그렇게 대우받을 리도 없어보였다.

    도로변 옆으로 훨씬 넓고 그럴듯한 공터가 있었다. 마을 이름이 유래한 탑이 있다면 그곳일 것 같았다. 없었다. 주변 상점과 사람들에게 물어보려 했는데 모르기도 했고 사람들이 아예 없었다. 현풍 곽씨 효자비와 묘소라도 보려 했는데 잠겨 있었다. 허허로운 마음으로 돌아올 수밖에 없었다. 집에 와 인터넷을 열심히 검색해 보았더니 효자비가 있던 곳에 빼꼼히 보이던 석탑이 탑동이라는 마을 이름을 있게 한 탑이었다. 마을 사람들이 자부심을 느낄 수 있게 넓고 눈에 잘

(탑동의 유래가 된 탑이 정려각 사이로 셋방살이 하듯 흐릿하게 보인다.)

띄는 곳에 두든지 아니면 원래 자리에 두어야 할 것 같다. 내 보기에는 꼭 셋방살이 하는 모양새였다.

그 탑이 기구한 일을 겪었나 보다. 주변에 무너져 흩어져 있던 조각들을 복원해 세웠다고 했다. 원래의 모습대로라면 6m가 넘을 것인데 현재는 3m 조금 더 되는가 보다. 그 탑의 규모를 보면 무척 큰 사찰이 그 주변에 있었을 것이란다. 탑이 있던 근처에서 오래된 기와 같은 것들이 많은 출토된다고 한다. 탑의 1층 부분에 네 부처가 새겨져 있고 그런 양식으로 판단할 때 통일신라 말기에서 고려 초에 세워진 것으로 본다고 한다.

통일신라가 935년쯤 망하고 고려가 936년에 온전한 건국을 이루니 어림잡아도 천년이 넘은 셈이다. 마을 이름은 불특정 다수의 사람들이 암묵리에 공감을 하며 지속적으로 사용되기 때문에 잘 바뀌지 않고 긴 세월을 이어내려 온다. 많은 이들의 이해와 공감이 필요하니 마을에서 가장 특징적인 것이 선택되는 경우가 많았으리라. 이 탑을 얼마나 많은 이들이 알고 있었으면 탑동이라 했을까? 절이면 으레 탑이 있었을 게고 탑보다 절이 더 알려졌을 것인데 탑동이 된 것을 보면 예사가 아닌 사연이 있었을 법도 하다.

이 탑은 왜 현풍 곽씨 효자비와 정려가 들어선 곳에 셋방살이하듯 들어가 있을까? 지금의 자리에서 서쪽으로 40m쯤 되는 곳에서 발견되었다면 그곳에 그대로 세워두어야 하지 않았을까? 탑이 있던 자리에 건물이 들어서지도 않고 지역의 공원처럼 되어 있어 궁금증을 자아낸다. 유적은 제자리에 있어야 더욱 의미가 있을 텐데, 하는 생각에 이해할 수 없었다.

5층 석탑을 곁다리처럼 거느리고 있는 현풍 곽씨 효자비와 정려를 보려 했다. 본래 목적은 아니었지만 현 위상에 맞는 대우를 해주고 싶었다. 문이 잠겨 있는 것 같아 함부로 들어갈 수 없었다. 도로가에 세워진 안내문은 읽어도 기억에 남지 않았다. 4대에 걸쳐 5인의 효자 효부를 기려 세운 것 같은데 70여 년 동안 네 번이나 하사를 받았다고 한다. 그래서 효자 효부비 4기, 정려문 4점, 현판 7개가 있다고 했다. 효자 효부의 사연을 읽을 수 없어 내심으로 아쉬웠다.

내용은 안 보아도 알 것 같기는 하다. 개인적으로 효자 효부를 좋아하지 않는다. 내 자신이 그들과 거리가 있기도 하겠지만 그런 가정은 행복하지 않을 것만 같다. 어떻게 행복한 가문에서 효자와 효부가 나오겠는가? 부모나 시부모에게 어렵고 힘든 일이 생기고 자녀나 며느리가 보통 사람은 할 수 없는 일을 했을 때 효자 효부라고 한다면 그처럼 안 된 일이 또 어디 있을까? 조선사회에서 효부 열녀라고 하면 어딘가 강요된 느낌이 들기도 한다. 현풍 곽씨 4대가 그렇다는 것은 물론 아니다. 순전히 내 개인적인 느낌이다.

지역과 나라에서는 그들의 갸륵한 행동을 그냥 넘길 수 없을 것이다. 지역사회와 국가에서는 그런 일들을 장려할 필요가 있어 널리 알리고 여러 혜택도 주었을 것이다. 긴 세월 동안 4대에 걸쳐 그런 일이 있고 현양을 받았으니 명문가로 칭송을 받았음직하다. 그런 일이 거듭되면서 그 집안에 속한 사람들은 또 다른 어려움을 겪지는 않았을까? 오늘날이야 예전처럼 효자 효부를 적극적으로 기리지 않겠지만 내 가문에서는 효자 효부가 나오지 않았으면 좋겠다.

탑이 알려져 탑동이라 불리고 커다란 사찰이 있었을 것이라 하고 효자와 효부가 많았다고 하는데 마을은 크게 발전한 것 같지 않다. 절에서 마을의 안녕과 번영을 위해 얼마나 열심히 기원을 했을까를 어렵지 않게 추측할 수 있다. 조선에서 가장 강조하던 덕목이 충과 효가 아니었을까? 그렇다면 다른 어느 곳보다 잘되어야 했을 탑동이 그냥 무탈하게만 지내온 듯한 것은 어떻게 이해해야 하는가. 불교만 아니라 종교에서 말하는 잘되는 것의 의미가 세속과 다른 것일 게다. 종교의 뿌리가 되는 나라들을 보면 많은 어려움을 겪으며 산다. 그렇지만 그 속에서 삶의 의미를 찾고 영적으로 더 단단하고 정신문화에서 근본적인 강점들이 있는 것 같다.

　탑동에도 맹학교가 있고 양관이 있다. 백여 년이 못 되는 세속의 눈과 잣대로 잴 수 없는 크고 놀라운 복이 탑동 전역에 넉넉히 고여 있을 것 같다. 긴 세월 선조들이 덕을 쌓아 왔으니 이제부터 놀라운 일들이 벌어질지도 모른다.

　적지 아니 아쉬운 것은 유적과 문화재를 관리하고 가꾸는 일에 좀 더 세심했으면 하는 것이다. 특히 관공서에서 마음을 써 주길 부탁하고 또 기대한다.

| 책을 마치며 |

처음의 의도대로 되지는 않았다. 내 무사태평한 성격과 게으름이 한몫을 했다. 마음으로는 봉황이라도 그릴 것 같았는데 마치고 보니 참새도 제대로 그리지 못한 것 같다. 내 무식과 재주 없음을 한 번 더 절감하는 기회였다.

언제 누가 무엇을 했다는 국사시간에 배울만한 것들은 기록하고 싶지 않았다. 눈길도 가지 않고 기억도 되지 않으리라. 수필형식이니 내 개인적인 것과 조금이라도 연결이 되었으면 싶었다. 잘 돌아다니지 않고 남들과 어울리지 못하는 내 특성이 나타나는 것 같아 부끄러울 뿐이다. 사색을 담고 싶었는데 마음뿐이었다. 근본적으로 내가 가진 사색의 자산이 적었다.

청주에 기록할 만한 것들이 점점 더 눈에 띄는 것 같다. 쉰 편 정도를 실으려 했는데 여러 사정으로 마흔세 편을 싣는다. 충분히 살피지 못하고 내용이 빈약한 것은 온전히 내가 부족한 탓이다. 내가 오래 살아온 청주가 이렇게 소개할 것이 많은 줄 몰랐다. 지역의 한 문인으로 마땅히 할 일을 다하지 못하고 살아가고 있다는 자괴감을 느꼈다.

오늘의 경제 사회 문화에 문학의 힘이 얼마나 크게 작용할 수 있는가를 생각한다. 과거의 사실에 상상과 이야기를 입히는 것이다. 인간은 본능적으로 듣기를 좋아하고 그 내용이 모두 이야기이다. 흥미롭게 들은 것은 눈으로 확인하고 체험하고 싶어 하는 존재가 인간이다. 우리 지역에 뿌리를 둔 흥미 있는 많은 사실들이 발굴되고 이야기로 변신할 수 있기를 기대한다.

실력을 조금이라도 더 길러야겠다. 지역에 더 애정을 가져야지….

2023년 11년 25일

열해(熱海) 최 한 식

청주, 수필로 그리다

인　쇄	2023년 11월 20일
발　행	2023년 11월 25일
지은이	최 한 식
인쇄처	도서출판 한솔

충북 청주시 서원구 모충로145번길 5-6(사직동)
전화: 043) 264-3079
등록 제아32호(1987년 12월 3일)

ⓒ 최한식, 2023

ISBN 978-89-91475-64-9 (03810)
값 15,000원

* 지은이와 협의하여 인지는 생략합니다.
* 이 책 내용의 전부 또는 일부를 재사용하려면 반드시 지은이와 도서출판 한솔 양측의 동의를 받아야 합니다.
* 이 책은 2023 청주 문화도시조성사업의 일환으로 일부 지원을 받아 발간되었습니다.